[BIBL]IOTHÈQUE SOCIOLOGIQUE INTERNATIONALE
publiée sous la direction de M. René Worms
Secrétaire Général de l'Institut International de Sociologie

Série in-18. — II

LA RUSSIE SOCIALE

PAR

MAXIME KOVALEWSKY

PROFESSEUR A L'UNIVERSITÉ DE SAINT-PÉTERSBOURG
MEMBRE DE LA HAUTE-CHAMBRE RUSSE
ANCIEN PRÉSIDENT DE L'INSTITUT INTERNATIONAL DE SOCIOLOGIE
CORRESPONDANT DE L'INSTITUT DE FRANCE

PARIS (5e)
M. GIARD & É. BRIÈRE
LIBRAIRES-ÉDITEURS
16, RUE SOUFFLOT ET 12, RUE TOULLIER

1914

LA RUSSIE SOCIALE

BIBLIOTHÈQUE SOCIOLOGIQUE INTERNATIONALE
publiée sous la direction de M. René Worms
Secrétaire Général de l'Institut International de Sociologie

Série in-18. — II

LA RUSSIE SOCIALE

PAR

MAXIME KOVALEWSKY

PROFESSEUR A L'UNIVERSITÉ DE SAINT-PÉTERSBOURG
MEMBRE DE LA HAUTE-CHAMBRE RUSSE
ANCIEN PRÉSIDENT DE L'INSTITUT INTERNATIONAL DE SOCIOLOGIE
CORRESPONDANT DE L'INSTITUT DE FRANCE

PARIS (5e)
M. GIARD & É. BRIÈRE
LIBRAIRES-ÉDITEURS
16, RUE SOUFFLOT ET 12, RUE TOULLIER

1914

LA RUSSIE SOCIALE [1]

PREMIÈRE LEÇON

LA RUSSIE EST-ELLE UNE DÉMOCRATIE ROYALE ?

Les beaux volumes de M. Anatole Leroy-Beaulieu ont depuis de nombreuses années initié les lecteurs français à l'étude de la Russie tant sociale que politique. Il n'existe pas dans toute la littérature de l'Occident d'ouvrage plus consciencieusement écrit sur les conditions d'existence du peuple russe. L'auteur a étudié son sujet à fond. Il est venu résider plusieurs mois en Russie. Il y est retourné plus d'une fois. Il a très bien vu ce qui méritait le plus d'attirer son attention. Il a connu plus ou moins tous les hommes politiques russes. Il a fréquenté les salons, il a causé avec ceux qui, de son temps, dirigeaient l'opinion publique, à commencer par Tourgenev et Stassulevitch et en finissant par Ni-

(1) Ce livre est la réunion de sept leçons faites à Paris, par l'auteur, en janvier 1914, au Collège de France et à l'Ecole des Langues Orientales Vivantes.

colas Milutine, dont il a fait plus tard la biographie. Son livre est un tableau d'ensemble de la société russe sous le règne d'Alexandre II.

Personne depuis n'a fait en France un travail analogue. M. Louis Léger et M. Rambau dse sont occupés de langue, de littérature et d'histoire russes. M. Paul Boyer en collaboration avec un Russe de mes amis (M. Spéransky) a fait paraître une excellente grammaire et syntaxe russe ; M. Omont et une série de jeunes érudits français, dont plus d'un appartient à l'école française de Saint-Pétersbourg, ont fait paraître ou sont en train d'achever des études fort complètes sur nos grands écrivains ; ils continuent ainsi l'œuvre si admirablement commencée par M. le vicomte de Vogué, l'auteur d'un livre très apprécié dans mon pays : *Le roman russe contemporain*. Mais personne, à l'exception de M. Chasles, n'a encore parlé en France de la constitution russe, ni de la situation faite par le nouveau régime, établi chez nous depuis 1906, aux diverses classes sociales. C'est là un sujet que je me propose d'étudier partiellement dans mes prochaines conférences. Je veux aujourd'hui même vous parler des causes qui ont ralenti la marche du renouvellement politique et social de mon pays. J'ai déjà eu l'occasion de traiter en français des questions telles que « le régime économique de la Russie », « l'histoire de ses institutions politiques ». A quelques mois de distance des événements qui se sont produits dans mon pays en 1905 et 1906, j'ai fait paraître en français un petit volume intitulé *La crise russe*. J'ai employé le mot crise pour parler de ce que d'autres ont baptisé du nom de révolution. Je crois que les événements m'ont donné raison. La crise n'a pas abouti à un renversement complet des anciennes assises de la société russe. Le mouvement qui nous porte vers des destinées nouvelles s'est ralenti. Le moment d'arrêt paraît arriver pour lui. Quelles sont les causes déterminantes de ce recul ? C'est là une question que je voudrais étudier avec vous aujourd'hui même. Un contemporain peut assurément être induit en erreur. Il ne connaît que certains côtés de la question. Il n'est pas toujours à même de se libérer de préjugés de classe ou de parti politique. Je me rends entièrement compte de tous les écueils qui se dressent sur mon chemin. Et tout de même je me permets de vous donner mon avis sur les causes qui ont déterminé notre marche en arrière. Elles tiennent à l'attitude prise par la noblesse vis-à-vis des revendications politiques et sociales de la démocratie russe.

On avait lieu de croire qu'à l'avènement du régime nouveau, on ne courrait plus aucun risque de voir renaître les prétentions des nobles à régler la marche des événements dans les limites de l'Empire. Catherine II, s'inspirant de l'idée de Montesquieu, qui déclarait que la noblesse devait servir de base à la monarchie, avait non seulement reconnu à cet ordre une certaine autonomie, mais avait encore appelé les maréchaux de noblesse des diverses provinces, ainsi que les assemblées des nobles, qui les élisaient, à exercer certaines fonctions purement administratives. Dans les limites de leurs manoirs, les nobles avaient gardé le droit de tutelle vis-à-vis de leurs serfs ; ils exerçaient à leur égard le rôle de justiciers et leur infligeaient souvent des punitions corporelles. En parlant des seigneurs, Nicolas Ier avait prononcé les mémorables paroles que voici : dans leurs personnes l'État possède onze mille chefs de police qui ne lui coûtent rien. L'émancipation des serfs paraissait avoir fait table rase de tout ce système. La haute noblesse qui, au temps de l'Impératrice Anne, avait essayé de suivre l'exemple de la noblesse suédoise et de former une espèce de suprême conseil composé de quelques-uns de ses chefs, ne put s'entendre avec la petite noblesse. Par un sentiment de jalousie, cette dernière préféra rester fidèle au régime autocratique. Les deux noblesses n'avaient point essayé depuis le règne d'Anne de s'emparer du pouvoir. Quant à ceux des nobles qui possédaient des manoirs, peuplés de serfs, ils se contentaient de leur rôle prépondérant dans les limites de la province et n'avaient jamais formé de ligues ou tenu de congrès dans le but de faire parvenir au trône l'expression de leurs vœux quant à la politique intérieure ou extérieure de l'Empire.

On est étonné par conséquent de l'excès d'énergie et de l'esprit d'initiative que la noblesse russe a fait paraître dans ces dernières années, alors que sa puissance économique a sensiblement diminué. On n'avait pas encore vu en Russie les nobles d'un grand nombre de provinces (leur chiffre varie de 32 à 37) se donner rendez-vous à Pétersbourg, discuter dans des assemblées, non autorisées directement par la loi, mais tolérées par le pouvoir, les principaux problèmes de la politique russe, envoyer des adresses au tzar, faire parvenir à ses ministres l'expression de leurs vœux et former en somme une espèce de diète à côté de celle qui se réunit au palais de la Tauride.

L'invraisemblable étant souvent vrai, nous avons eu pendant ces huit dernières années le spectacle de deux parlements, existant côte à côte ; ils ont commencé par se jalouser et se détester pour arriver en définitive à s'entendre sur plus d'un point. Et ce n'est pas la diète nobiliaire qui s'est pliée aux exigences de la Douma. Tout au contraire, c'est cette dernière qui s'est empressée d'exécuter les ordres venant de la diète. Cela d'ailleurs n'a pu naturellement se produire que depuis qu'une nouvelle loi électorale a fait de la Douma la représentation non du peuple russe tout entier, mais des classes qui possèdent le sol ; or, parmi ces dernières les nobles prédominent. Pas plus tard que l'année dernière, nous avons eu lieu de nous convaincre à quel point l'esprit féodal est loin d'avoir entièrement disparu au sein de la noblesse russe. Un député d'origine noble, le prince Sviatopolk Mirsky, n'a-t-il pas prononcé un long discours à la Douma pour se plaindre de l'injustice du sort qui a empêché le servage de se maintenir pendant un nombre de siècles suffisant pour lui permettre de donner toute sa mesure. En Russie le paysan ne fut définitivement attaché à la glèbe que du temps de Boris Godounov, c'est-à-dire vers la fin du XVIe siècle. L'orateur en question trouva bon de faire entendre qu'à son avis trois siècles de servage étaient insuffisants. L'Empereur Alexandre II eut, croyait-il, le grand tort de mettre un terme à la servitude de la glèbe et cela à un moment où le serf russe n'avait pas encore accompli l'apprentissage nécessaire pour devenir un bon citoyen. Je ne comprends pas bien comment ces considérations historiques ont pu être exposées froidement durant plus d'une heure et devant une Chambre riant aux éclats. L'orateur ne se tint pas pour battu et après avoir amplifié son discours, il le fit imprimer et distribuer aux membres des deux Chambres.

Ce n'est là qu'un détail, mais il a son prix, car il nous fait connaître l'esprit de cette poignée de gentilshommes qui prétendent que la Providence les a appelés à maintenir le trône et l'autel contre cette nouvelle espèce de prétendus anarchistes qui revendiquent pour eux-mêmes les bienfaits de la liberté et de la justice sociale.

Or, c'est là justement l'esprit de ceux qui continuent à prendre part à ces réunions périodiques de la noblesse unifiée de 37 provinces. Ces assemblées ont lieu régulièrement tous les ans à Pétersbourg au début du printemps. Je dois à ces assemblées d'avoir non seulement compris, mais de m'être entièrement assimilé une idée chère à Jean-Jacques Rousseau et à ses nombreux disciples à la fin du XVIIIe siècle. L'idée la voici : Rousseau était d'avis que l'intérêt particulier était presque toujours en opposition avec l'intérêt général, et il en tirait cette conclusion que le législateur ne devait point admettre l'existence côte à côte de chambres représentatives, dont l'une s'inspirerait d'un intérêt particulier, intérêt de classe ou de tel ou tel ordre social défini et l'autre de l'intérêt général du pays.

Eh bien, il m'a été donné de trouver la confirmation pleine et entière de ces paroles dans l'attitude des nobles unifiés (c'est ainsi qu'ils se nomment eux-mêmes) en présence des projets de loi présentés par le gouvernement aux votes de la Douma. La Réunion des nobles unifiés s'est mêlée de tout, elle a émis son avis sur une infinité de questions, elle a influencé le pouvoir, forcé la main à plus d'un ministre; elle a su trouver des alliés dans la droite du Conseil de l'Empire et par son intervention a empêché plus d'une réforme utile. Ce qui est pis, c'est qu'elle a fait perdre aux gens de bonne volonté tout espoir de voir se réaliser les promesses faites aux représentants du peuple sur les marches mêmes du trône. Elle nous a fait comprendre que l'acte libérateur du 17 octobre 1906, notre « grande charte », est plus ou moins oublié en haut lieu grâce à l'activité des nobles unifiés. La noblesse a rendu le peuple russe défiant et sceptique et pour cette raison même avide de changements rapides et violents. Jugez vous-mêmes des résultats obtenus par cette poignée de gentilshommes en écoutant le court exposé que voici. Déjà à ses débuts l'assemblée des nobles unifiés se crut autorisée à adresser au président du Conseil, à feu M. Stolypin, des suppliques qui étaient en même temps des ordres. Le 27 mars (style russe) de l'année 1906 on le somma de ne point introduire à la Douma de l'Empire un projet de loi concernant la réforme du self-government local sans avoir pris au préalable l'avis des réunions de la noblesse dans les départements ou provinces. Le ministre s'aperçut qu'on voulait lui forcer la main et déclara, qu'il lui était impossible de ne pas déposer le projet en question à la Douma ; mais que rien n'empêchait les assemblées de la noblesse, ainsi que les conseils généraux des départements, de discuter et de critiquer à loisir son projet de loi. Une pareille réponse ne satisfit pas le président des nobles unifiés, le comte Alexis Bobrynski ; il demanda une audience personnelle au président du conseil et il revint, de cette entrevue, persuadé, ainsi qu'il le déclara lui-même, que le gouvernement ne demandait pas mieux que de tenir compte de toutes les observations faites par l'assemblée des nobles unifiés afin d'enrayer, ajoutait-il, les dangers qui menacent la noblesse. On entendait par là la diminution du Cens électoral pour le choix d'une assemblée de canton (volostnoe zemstvo). Un des membres de la réunion des nobles unifiés, M. Oznobischin, prétendit avoir étudié le projet de loi en question. Il se croyait par conséquent autorisé à dire que les bases du projet étaient entièrement conformes aux vœux exprimés par les révolutionnaires. Et savez-vous quel a été le résultat de l'intransigeance de la noblesse à l'égard de la réforme projetée ? Mais nul autre que celui-ci : La loi, une fois votée par la Douma, a rencontré au Conseil de l'Empire, du côté des membres de la droite, une telle opposition qu'en définitive elle ne sera pas votée. Nous venons d'entrer dans l'année 1914. Le projet de loi fut déposé à la Douma en 1906. Huit années se sont écoulées depuis et nous sommes encore en face d'une intransigeance telle de la part des membres de la droite au Conseil de l'Empire, qu'il ne nous reste aucun doute quant à leur parti pris de traîner les choses en longueur et, à un moment favorable pour eux, de faire échouer la loi par un vote contraire.

A la fin de novembre de l'année qui vient de s'écouler la commission chargée par le Conseil d'étudier le projet de loi en question, à une grande majorité déclara qu'elle interrompait ses travaux afin de donner au ministre de l'Intérieur le temps de présenter aux chambres législatives un projet de loi concernant l'ensemble du self-government local. Cette mesure a été prise à la suite de vagues bruits qui attribuaient au ministre l'intention de s'occuper à bref délai de cette réforme.

Le procédé qu'on a suivi jusqu'ici pour faire échouer la loi était le suivant. L'un après l'autre des membres de la droite qui avaient consenti à entrer dans la commission choisie par le Conseil de l'Empire se retiraient. Les discussions de la nouvelle loi furent interrompues pendant plusieurs semaines afin de donner le temps de choisir des remplaçants. On procéda à un nouveau choix. Plusieurs mois après, d'autres membres de la commission témoignèrent du même désir de se retirer et ainsi de suite. Dans l'intervalle on proposait amendement sur amendement, grâce à quoi on est arrivé à ne plus reconnaître dans le projet de la commission la réforme jadis proposée par le Conseil des ministres. Dans ces conditions les membres de l'opposition ne savent pas eux-mêmes quel parti prendre. Et il est fort probable que plus d'un d'entre eux se prononcera en définitive contre le vote d'une loi entièrement refondue et devenue méconnaissable. Voilà à quoi aboutissent les tentatives de la noblesse unifiée, depuis qu'elle s'est mise en tête de participer au travail législatif du pays. Il faut reconnaître qu'au moment où ces prétentions se sont manifestées pour la première fois, il s'est trouvé, même au sein des nobles unifiés, quelques bons esprits qui ont protesté contre le sans-gêne, avec lequel une réunion privée s'arrogeait des pouvoirs législatifs. Mais malheureusement leur avis ne fut point suivi. « Nous sommes les enfants du tzar, déclara l'un des orateurs de la majorité, M. Chotiainzev, nous le sommes ni plus ni moins que les membres de la famille impériale. Vous devez savoir, continua-t-il, qu'il existe trois degrés de parenté parmi ceux qui font partie de cette famille. Le dernier degré est celui dans lequel se trouvent vis-à-vis de l'Empereur les Altesses (svetlosti) ; or, c'est là un titre porté par les nobles russes du plus haut rang. Nous sommes par conséquent les enfants du tzar et comme tels nous pouvons nous adresser à lui ». « C'est un devoir pour la noblesse, déclara un autre orateur, que de protester contre tous les projets qu'elle considère comme dangereux, non seulement pour l'Empire, mais aussi pour le premier ordre de l'Etat, qui est celui des nobles. Car nous sommes la base et le soutien du trône ». Avec de telles prétentions il n'est pas étonnant que les nobles unifiés se soient crus appelés à dénoncer au gouvernement les membres des cours de justice criminelle; à leur avis elles ne sévissaient pas avec assez de vigueur dans les procès intentés aux révolutionnaires et tout particulièrement à ceux qui avaient pris part aux révoltes agraires. C'est aux nobles unifiés que revient la responsabilité des premières menaces adressées à nos juges, menaces de ne tenir désormais aucun compte du principe qui veut qu'ils ne puissent être privés de leurs charges qu'à la suite d'une condamnation judiciaire. La réunion des nobles unifiés se prononça dans ce sens bien avant la séance d'ouverture de la seconde Douma, à laquelle le président du Conseil, M. Stolypin, déclara que si les juges continuaient à innocenter les malfaiteurs, ou à les condamner à des peines légères, il aurait le grand regret de les priver de leur inviolabilité.

La proposition de faire juger les révolutionnaires par des cours martiales, proposition devant laquelle avait reculé le ministre de la Justice, M. Akimov, dans le cabinet du comte Witte, fut mise aux voix et votée par les membres de l'assemblée des nobles unifiés. Et le cabinet de M. Stolypin ne fit que se conformer à leur vœu en créant les cours martiales par un édit rendu entre le renvoi de la première Douma et la réunion de la seconde.

Nous verrons par la suite que deux des plus importantes réformes accomplies par le cabinet de M. Stolypin, la réforme électorale et la réforme agraire, doivent également leur origine à l'initiative de l'assemblée des nobles unifiés.

De même si nos Universités et surtout les Facultés de droit dans nos deux capitales ont perdu une bonne moitié de leur personnel enseignant, si le ministre e l'Instruction publique a pris l'initiative du déplacement des professeurs en province ou de leur renvoi, c'est que ces professeurs ont encouru par leur enseignement et leur attitude politique lors de la campagne électorale la désapprobation des nobles. Ces derniers les ont à plusieurs reprises dénoncés au gouvernement. Un des membres les plus influents des assemblées de nobles unifiés, lui-même chef d'une organisation militante, appelée Société de l'archange Saint-Michel, M. Pourischkevitch n'a-t-il pas dressé des listes de proscription, en dénonçant ceux des professeurs qui étaient censés appartenir au parti constitutionnel démocrate et d'autres dont le seul tort était d'avoir des parents juifs. Et les professeurs désignés dans ces listes n'ont-ils pas été placés dans la nécessité de quitter l'enseignement, s'ils tenaient à rester dans la capitale ?

Les mesures de rigueur prises vis-à-vis de la presse et le nouveau projet de loi qui a pour but avéré de la museler, ont été également recommandées au gouvernement par les nobles unifiés. D'àbord ils ont cru pouvoir fonder eux-mêmes des journaux politiques et ils n'ont pas reculé à cette occasion devant la pensée de demander pour réaliser ce projet des subventions au pouvoir. Plus tard ils ont dû se rendre à l'évidence et constater qu'un journal interprétant leurs idées devait nécessairement rester sans abonnés et par conséquent sans annonces.

Alors pour procurer à ces assemblées de nobles unifiés ce qui leur manque, le gouvernement a pris la décision de soutenir quelques journaux réactionnaires de la façon suivante. On a forcé les industriels, les sociétés par actions et les banquiers à faire paraître dans ces journaux les comptes-rendus annuels de leurs entreprises. M. le ministre de l'Intérieur a introduit auprès du Conseil de l'Empire un projet de loi créant cette obligation.

Cette loi d'ailleurs n'a eu au vote que trois voix de majorité. Elle vaut à la *Gazette de Moscou* un revenu de 300.000 roubles ou 800.000 francs par an. Cette combinaison peut assurer au journal une existence prolongée même dans le cas où le nombre de ses abonnés serait réduit à zéro.

Le nationalisme étroit, qui, contrairement à l'idée de Pierre le Grand, ne veut pour l'Empire d'autres serviteurs que des Russes d'origine et tâche d'éliminer de tout service public les Israélites, les Arméniens et les Polonais, a trouvé son foyer au sein de l'assemblée des nobles unifiés. Jugez-en vous-mêmes par les quelques extraits que voici. Je les emprunte aux comptes rendus des séances de la noblesse unifiée.

Sur la question de savoir si les enfants polonais, ne connaissant point le russe, peuvent la première année de leurs études recevoir un enseignement en polonais dans les écoles primaires du royaume de Pologne, le septième congrès des nobles unifiés a déclaré par la bouche de plusieurs de ses orateurs que l'enseignement ne peut être donné qu'en russe et que ceux des élèves qui ne sont pas à même de suivre les explications fournies en russe n'ont qu'à rester en classe une seconde année.

En se conformant à ce vote, le Conseil de l'Empire a cru ne pouvoir autoriser les professeurs d'arithmétique à expliquer les problèmes de calcul dans une autre langue que le russe et cela, même à des enfants ignorant complètement cette langue, et le cas n'est pas rare dans les régions occupées par des polonais.

Une fois lancés dans cette voie nous ne savons plus où nous arrêter ! Le Conseil de l'Empire a été mis récemment en demeure de se prononcer sur la question de savoir si les débats des assemblées municipales en Pologne pouvaient se faire en une autre langue que le russe. La commission élue par le Conseil a été intraitable sur ce sujet et quant à la haute assemblée elle se prononça par une majorité de vingt voix pour l'exclusion du polonais des conseils municipaux.

Les nobles unifiés ont également demandé au gouvernement de combattre les tendances autonomes des Finlandais, et ont exprimé le vœu que les chambres législatives fissent passer au plus tôt une loi réduisant à des limites on ne peut plus étroites les revendications de la Finlande, demandant à former un corps politique indépendant de l'Empire. « Ces sortes de revendications, au dire des pétitionnaires, sont en contradiction avec des faits historiques bien établis. »

Quant à la question juive, voici en quoi consistent les vœux des nobles unifiés : « l'égalité de droit reconnue aux juifs par les États de l'Europe n'a point résolu, à leur avis, la question juive. Les lois qui privent les juifs du droit de résidence dans les provinces faisant partie de l'ancienne Moscovie et d'autres parties de l'Empire, à l'exception de la Petite Russie et des provinces d'origine polonaise, ont leur raison d'être dans le souci du pouvoir de sauvegarder le peuple russe de l'influence dissolvante du judaïsme. Cette influence s'est manifestée, déclarent les nobles unifiés, surtout dans ces derniers temps avec une force inouïe. L'anarchie dont souffre notre état social et politique est surtout l'œuvre des juifs ; quant au but qu'ils poursuivent, il consiste non à acquérir l'égalité de droit avec les autres sujets de l'Empire, mais à en devenir les maîtres. Dans de pareilles conditions et surtout à un moment où les juifs insultent notre sentiment national et notre sainte église en commettant des actes révolutionnaires, il ne peut être question de leur céder en quoi que ce soit. Toute concession ne serait envisagée par le peuple russe que comme un acte de faiblesse de la part du gouvernement. Cette acte lui enlèverait la confiance des sujets et dirigerait le mécontentement public non seulement contre les israélites, mais contre le pouvoir lui-même » (Résolutions prises par les assemblées des nobles unifiés dans les années 1906-1912, p. 17).

Le gouvernement ne s'est pas fait répéter cette sommation à deux reprises. Il a maintenu tous les *privilegia odiosa* des juifs et entre autres celui qui empêche les hautes écoles de l'Empire d'accepter au nombre de leurs élèves plus d'un certain nombre de juifs, 3 o/o sur le chiffre total des étudiants dans les capitales, 5 o/o dans les provinces. Sans m'arrêter plus longtemps sur l'activité des nobles unifiés, je conclurai en disant qu'ils se sont intéressés à tout, ont fait entendre leurs revendications dans les ministères et sur les marches mêmes du trône, et ont fini par influencer non seulement notre haute bureaucratie, mais aussi les membres de la Douma et du Conseil de l'Empire.

On pourrait me dire que la noblesse n'est pas le seul ordre de l'État qui ait fait entendre au pouvoir ses doléances et ses vœux. A côté des assemblées des nobles unifiés il en existe d'autres, tels les congrès tenus par les représentants de l'agriculture et du commerce. En effet ces derniers ont également demandé au gouvernement de soutenir leurs intérêts, mais ceux qui en furent les interprètes sont rarement allés au delà des revendications qui concernent directement leurs clients. Les questions qu'ils ont traitées sont l'organisation de tribunaux jugeant les conflits relatifs aux opérations de bourse; la réforme des lois qui concernent l'administration des intérêts du commerce, la réforme de la législation sur les faillites, etc., etc.

Toutes les fois que la question soulevée dans la pétition était d'un caractère plus ou moins général et admettait la possibilité d'un conflit d'intérêts, le pouvoir la laissait sans réponse ou remettait aux calendes grecques sa solution par voie législative. D'après nos lois constitutionnelles, c'est au cabinet et à ses membres que revient dans la majorité des cas l'initiative des lois. Mes collègues au Conseil de l'Empire m'ont soumis la liste des demandes faites par les congrès des représentants des bourses de commerce et les réponses données à ces demandes par le pouvoir. J'y trouve des faits comme les suivants. Le congrès demande qu'on révise le projet de loi sur le repos obligatoire du dimanche et des jours fériés. Le gouvernement répond par un refus. Le congrès sollicite que le pouvoir prenne des mesures contre la cherté du combustible provenant des déchets du naphte. La demande reste sans réponse. Le congrès est désireux de faire entrer dans les conseils généraux et dans les conseils municipaux des représentants des bourses de commerce. La question n'a pas eu de solution, lisons-nous dans le document que j'analyse. Le congrès demande au gouvernement de vouloir bien créer des dépôts suffisants pour les marchandises dans le voisinage des stations de chemin de fer. Pas de réponse. Le congrès se plaint de ce que le commerce et l'industrie sont trop imposés. De nouveau, mutisme complet de la part du ministre du Commerce. Le congrès sollicite que le transport du sel des ports de la Mer Noire et de celle d'Azov dans ceux de la Baltique ne se fasse plus sur des vaisseaux portant un pavillon étranger. La demande n'est pas exaucée. Le congrès sollicite qu'on diminue le nombre des jours fériés ainsi que le demande un projet de loi introduit par les membres du Conseil de l'Empire. Le ministre du Commerce répond que cette demande sera prise en considération le jour où le gouvernement trouvera opportun de porter la question à la décision des chambres législatives. Le congrès exprime le vœu, que le nombre des représentants du commerce et de l'industrie soit augmenté au Conseil de l'Empire. Cette demande n'a pas eu de suite.

Ces citations confirment, j'ai lieu de le croire, le peu d'importance que le pouvoir attribue à l'accomplissement des desiderata de la classe industrielle et marchande. Ses membres ne sont guère au nombre de ceux sur qui le gouvernement cherche à s'appuyer. Il sait qu'il les aura à lui le jour du danger. Car c'est de lui que dépend le maintien ultérieur du système protectionniste qui les a enrichis.

Il en est tout autrement des nobles. Ils sont redevenus aux yeux de nos gouvernements les vrais soutiens du trône.

Aussi la Russie moderne est loin d'être une démocratie royale dans le genre de celle que les hommes de 1789 crurent avoir établie en France. La Russie est encore moins une monarchie bourgeoise, pareille à celle de Louis-Philippe. C'est une monarchie nobiliaire et bureaucratique.

Et cela paraît d'autant plus bizarre que la majeure partie des terres et les grandes fortunes mobilières ne sont plus entre les mains de la noblesse. Elles ont passé au peuple, à la classe paysanne, ainsi qu'aux industriels et commerçants.

Vous pouvez en juger vous-mêmes par les chiffres que voici :

L'empire russe compte 160 à 170 millions de sujets. De ces 160 millions, 130 à 150.000 familles appartiennent à la noblesse. Le sol de la Russie d'Europe, où résident plus des 4/5 de la population entière du pays (1), est partagé entre la couronne, les apanages, l'Eglise, la noblesse, le tiers état et les paysans, et cela de façon que la majeure partie des terres mises en culture est entre les mains de ces derniers. Ils n'en sont pas seulement des usufruitiers à l'exemple des « laboureurs » français à la veille de la Révolution. Ils détiennent le sol en propriété collective ou individuelle. Tantôt les terres appartiennent aux habitants d'un village, qui en fait la répartition à certaines périodes fixes ; tantôt plusieurs ménages, composant un hameau (choutor) font un usage commun de la forêt et des pâturages, le reste du sol étant départagé d'une façon définitive entre tous les feux ou ménages.

En dehors des 150 millions de dessiatines (2) que les paysans russes détiennent en qualité de propriétaires individuels ou collectifs, ils en louent une grande partie à la couronne, aux nobles et à l'administration des apanages (3).

Une bonne partie des terres de la noblesse sont affermées aux paysans ; ces terres sont obérées de dettes, ce qui force leurs propriétaires à s'en dessaisir à la longue au profit de la banque des paysans, par sa nature banque d'État, ou à des banques agraires privées. M. Herzenstein avait dressé en 1906 une

(1) Russie d'Europe, 122.000.000 hommes ; Pologne, 12.200.000 (Annuaire statistique 1912). 124.100.000 dessiatines de terres possédées en 1905 comme lots paysans et 24.600.000 de terres achetées. D'autres achats ayant eu lieu depuis, 150.000.000 dessiatines ne me paraissent pas un chiffre exagéré.

(2) *Ibid.*, p. 40.

(3) Herzenstein, p. 69.

liste du nombre de dessiatines engagées par la noblesse et le tiers état dans les diverses banques agraires. Le chiffre total était de 127.420 propriétés contenant une superficie de terre de 52.589.926 dessiatines (1).

Le gouvernement a su tirer profit des embarras d'argent des nobles russes. La banque des paysans, créée sous le règne de l'Empereur Alexandre III pour faciliter aux moujiks ou paysans l'acquisition de nouvelles terres, dans le courant de quatre années seulement, de 1906 à 1910, acheta aux nobles 2.868.351 dessiatines. Dans le même espace de temps, ou, pour être plus exact, jusqu'au mois d'août de l'année 1911, les paysans ont acquis à leurs propres frais, sans l'aide de la banque, 3.843.294 dessiatines de terres ayant appartenu aux nobles et 339.543 dessiatines de terres de la couronne. Ceci fait en bloc une augmentation de 6.750.000 dessiatines pour les paysans. Ce chiffre s'est encore accru depuis, de sorte qu'on peut dire que durant les sept dernières années, les paysans ont acquis avec ou sans l'aide de la banque des paysans 7.398.345 dessiatines. La banque a dû reprendre 469.978 dessiatines à ceux qui ne lui ont point remboursé ses avances d'argent...

Déduction faite de ces 470.000 dessiatines, le chiffre total de terres achetées par les paysans durant ces 7 dernières années, s'élèverait à la somme de 6.928.367 dessiatines (2).

(1) HERZENSTEIN, p. 86.

(2) KOFOD, *Le régime des terres en Russie*, édition de 1914, p. 26.

Ainsi tous les ans le nombre des terres détenues par la noblesse diminue de presque 1 million de dessiatines. A l'époque de l'émancipation des serfs en 1861, on comptait encore 100 millions de dessiatines restées entre les mains des nobles et de la bourgeoisie (1) ; comme ces terres étaient d'anciens fiefs peuplés de serfs que la noblesse seule était autorisée à maintenir sur ses domaines, la majeure partie de ces 100 millions était possédée par des nobles.

Aujourd'hui il n'en est guère ainsi.

Dans l'annuaire de statistique pour l'année 1912 rédigé par le Dr Victor Chary, chef des travaux statistiques faits sur l'ordre et aux frais de l'association russe de l'industrie et du commerce, les chiffres suivants nous donnent une idée plus ou moins exacte de la distribution actuelle des terres mises en culture entre la noblesse, le tiers état, les paysans, le clergé, l'administration des apanages et la couronne, et cela dans les 50 départements de la Russie d'Europe, abstraction faite par conséquent de la Pologne, de la Sibérie, du Caucase et du Tourkestan.

Biens nobles, 49.906.000 dessiatines.

Biens possédés par la classe marchande et industrielle, 16.700.000 dessiatines.

Biens possédés par le clergé, à peine 300.000 dessiatines (la sécularisation des biens monastiques ayant eu lieu sous le règne de Catherine II). Quant à la classe paysanne, elle possédait avant la nouvelle

(1) HERZENSTEIN, p. 39.

réforme agraire, à titre indivis, 138 millions de dessiatines et à titre privé 13 millions 200 mille. Ainsi la noblesse possède aujourd'hui trois fois moins de terres que les paysans (1). On peut juger des pertes faites par la noblesse en comparant le nombre de dessiatines qui se trouvent actuellement en sa possession avec celui qu'elle détenait en 1877. En cette année, la noblesse comptait encore comme lui appartenant en propre daus les 50 départements de la Russie d'Europe 76 millions 959 mille dessiatines. Dans l'espace de 35 années, elle en perdit 23 millions.

La couronne et les apanages possèdent dans tout l'Empire un nombre de dessiatines dépassant celui de la propriété paysanne (154.700.000), mais de ces 154 millions, 8 millions à peine servent à l'agriculture et sont mis en régie ou alloués aux paysans.

Dans un livre paru en 1648 l'écrivain anglais bien connu Harrington avait émis l'idée que la structure sociale et politique d'un état dépend de la distribution de la propriété foncière. Là où les terres, comme c'était le cas de l'Angleterre, appartenaient à un petit nombre de familles nobles, l'État devait nécessairement être aristocratique, alors que l'existence de la petite propriété servait de base à la démocratie suisse et la concentration de toutes les terres entre les mains du sultan faisait de la Turquie un empire autocratique.

En se plaçant au même point de vue que le célèbre auteur de l'Océana (j'entends Harrington), on aurait

(1) P. 6 et 12.

lieu d'admettre *a priori* que la Russie moderne est gouvernée dans un esprit démocratique, que cet empire de paysans communistes n'est pas loin de se trouver dans les mêmes conditions d'existence que celles propres à la Suisse, encore récemment pays d'allmendes, ou communaux. Les écrivains de mon pays aiment à entretenir leurs lecteurs de la grande démocratie russe, de ses aspirations égalitaires, du sentiment de justice sociale qui règle sa vie économique et détermine ses penchants vers le socialisme et même vers le communisme. Mais si on arrive à se demander, comment est régi ce peuple de 160 millions d'âmes, il faudra reconnaître que nulle part il n'existe de plus grand écart entre la masse des gouvernés et la minorité infime des gouvernants, que ceux qui détiennent les 3/4 du sol ne jouent qu'un faible rôle dans la marche des affaires et que le pouvoir est concentré entre les mains de la noblesse et de la haute bureaucratie, et cela au détriment des cultivateurs des campagnes et des ouvriers des villes. La haute bourgeoisie industrielle et commerçante est loin elle-même de jouer un rôle prépondérant, le même que celui que lui assure dans les pays occidentaux sa richesse et sa fonction d'agent directeur de la vie économique. Une chose non moins singulière, c'est que le pouvoir est en Russie moins entre les mains de la vieille noblesse ou des familles particulièrement riches en terres, qu'entre ceux de la moyenne et de la petite noblesse composée en grande partie de familles originaires de la Grande Russie, familles de peu d'aisance et forcées pour cette raison de demander au service de l'Etat les moyens d'accroître leur fortune et d'assurer, pour les vieux jours de leurs membres, une place dans les rangs de la bureaucratie. Des raisons ethnographiques expliquent en partie ce singulier état des choses. Plus d'un grand propriétaire foncier est d'origine allemande, polonaise, ou petite russienne et pour cette raison même passe pour être partisan d'une espèce d'autonomie locale qui n'est guère du goût de nos gouvernants actuels. Quant à la vieille noblesse russe qui compte au nombre de ses membres des descendants de familles ayant jadis régné en Moscovie, en Lithuanie ou en Pologne, elle a depuis l'avènement au trône des Romanov et surtout depuis Pierre le Grand et le règne des Impératrices du XVIIIe siècle, cédé la place à la noblesse de cour, qui s'est surtout recrutée parmi les familles d'origine étrangère ou relativement pauvres et obscures. Des gens comme Razoumovsky, Potemkin, Souvorov, Koutouzov, Kisselev, etc., etc., ont été les fils de leurs œuvres et leur longue lignée est continuée de nos jours par des hommes de la valeur de Witte, de Plehve, de Trepof, de Stolypin, de Kokovtzev, etc.

Ainsi pour conclure, nous dirons qu'à l'heure actuelle la Russie est loin d'être gouvernée comme il convient à une démocratie de paysans, possédant à eux seuls les 3/4 de son sol cultivé. La bureaucratie, la noblesse de cour et les hobereaux de campagne, qui se sont dans ces dernières années donné rendez-vous aux assemblées de la noblesse unifiée, ont fait main basse sur le pouvoir. Le gouvernement et les chambres législatives se sont laissé influencer par elle à maintes reprises.

Mais c'est là un état passager, car la noblesse a perdu et continue à perdre son rang prépondérant dans le domaine économique. Les biens fonds passent et ont déjà passé en grande partie aux paysans, alors que les meubles, l'argent et le crédit, se concentrent dans les mains du tiers état.

Sans prétendre au rôle de prophète, je me crois autorisé à dire que la démocratie russe finira par devenir une réalité dans un avenir pas trop lointain. Les bases sociales de l'Empire russe deviendront par là même plus larges et plus solides.

DEUXIÈME LEÇON

LA RÉFORME AGRAIRE DE 1906

Au moment de la crise politique, traversée par la Russie à la suite de la guerre malheureuse qu'elle soutint contre le Japon, le gouvernement ne s'est pas décidé tout d'un coup à donner à la noblesse la prépondérance électorale. A la fin de juillet 1905 l'empereur discuta longuement le projet de la loi électorale avec les grands ducs, les ministres et les personnes spécialement convoquées à cette réunion qui se tint à Peterhof. Il ne s'agissait encore à ce moment que de doter la Russic d'une assemblée consultative qui discuterait les réformes proposées par le pouvoir sans prendre aucune décision définitive. Le gouvernement à la tête duquel se trouvait à ce moment l'ancien préfet ou gouverneur de la province de Moscou, M. Bouliguin, élabora un projet de loi électorale. Il s'agissait d'introduire en Russie un système d'élection à deux degrés et un cens électoral assez élevé. Ce cens consistait dans la possession d'une propriété immobilière de plusieurs centaines d'hectares (selon le plus ou moins grand prix des terres) ou d'une entreprise industrielle ou commerciale d'une assez haute valeur (15.000 roubles). On n'avait fait exception à la règle du cens électoral que pour les membres des communes rurales. Ces dernières étaient autorisées à choisir des électeurs dans une assemblée de canton ou « volost ». Leurs élus, qui ne pouvaient être pris que dans leur propre sein, une fois réunis en assemblée provinciale ou départementale, éliraient leur député à la chambre. Ce député prenait ensuite part à l'élection d'autres députés de la province ou du département de concert avec les électeurs choisis par tous ceux qui avaient le cens électoral exigé par la loi. Ce projet fut critiqué assez vivement par plusieurs membres de l'assemblée convoquée par le tzar à Peterhof, les intérêts de la noblesse y furent représentés par quelques hommes d'origine aristocratique, tel le comte Alexis Bobrinsky dont la noblesse d'ailleurs ne remonte pas au delà de Catherine II, et M. Stroukov, petit-fils d'un arpenteur de campagne. Faisant cause commune avec eux, des bureaucrates influents, fils de leurs œuvres, tel M. Stishinsky d'origine polonaise et d'intransigeance ultra-russe, menèrent la campagne en faveur de l'élection des députés par ordres, ordres de la noblesse, du clergé et des paysans. Il est curieux de relever certains de leurs propos. M. Stishinsky, l'ancien ministre-adjoint de l'intérieur dans le cabinet de M. Plehve, en se déclarant pour l'élection des députés par ordres, dit textuellement ceci. Les deux principaux ordres en Russie sont la noblesse et les paysans. Les autres ordres sous l'influence de changements qui se sont produits dans l'évolution économique du pays ont perdu leur ancienne cohésion et ne peuvent, par conséquent, être admis au même rang que la noblesse et les paysans. Les auteurs du projet de loi soumis à nos débats, déclare M. Stishinsky, se trompent lorsqu'ils croient que les paysans grâce à leur immense supériorité numérique seront nécessairement élus députés, même dans le cas où les élections deviendraient plus ou moins générales. On ne compte que 12 provinces sur 51, composant la Russie d'Europe, où la prépondérance numérique est assurée aux électeurs paysans.

Quant à la noblesse, son esprit de corps essentiellement conservateur ne se manifestera que dans le cas, où le choix des députés sera fait par ordres et non en commun par tous les propriétaires de la province, répondant aux exigences du cens électoral.

Dans ce dernier cas, prétendait un autre partisan de l'élection par ordres, on verra sortir des urnes les noms de personnes à qui les assises historiques de la vieille Russie sont devenues indifférentes, et qui leur préfèrent des idées puisées dans les livres et conformes à celles qu'on prêche et dont on s'inspire en occident.

Le comte Alexis Bobrinsky partagea cette façon de voir, mais il voulait également donner une représentation spéciale au clergé. On prétend à tort, disait-il, que le clergé manque chez nous de cohésion et ne se trouverait pas à la hauteur de la tâche qui lui serait imposée. Dans tous les cas son influence sur les masses populaires est énorme et salutaire. Le pouvoir ferait bien de l'appeler à ses côtés.

En dehors de ces trois ordres, insista le sénateur Alexis Narichkin, il ne reste que la population urbaine, qui ne représente en tout que 13 1/2 o/o de la population totale du pays. Cette population urbaine est unifiée par toutes sortes d'associations municipales et privées qui ont établi dans son milieu une sévère discipline électorale. On a lieu de se demander si les députés choisis par les citadins pourront être de quelque utilité à l'Etat et s'il ne serait pas plus raisonnable de se passer de leurs services. Il faut bien se rendre compte de ce fait qu'ils seront plus ou moins opposés aux bases historiques de notre passé, et il leur sera impossible pour cette raison d'être de vrais interprètes des plus belles croyances de notre peuple et de ses vœux les plus nobles. Le nombre des israélites parmi les populations des villes pourrait devenir inquiétant, disait le sénateur Narichkin. Aussi suis-je d'avis qu'il faut les éliminer entièrement. C'est un élément qui ne m'inspire aucune confiance et qui finirait par devenir funeste à la Douma. Ils sont les vrais instigateurs de la révolution et souvent ses chefs de file.

Les vraies bases de l'Etat, insista-t-il, sont la noblesse et le clergé. Ces deux ordres sont également ceux qui peuvent inspirer le plus de confiance au gouvernement quant à leurs idées politiques. N'est-ce pas la noblesse qui, pendant quarante ans, a eu la main sur nos conseils généraux et surtout depuis que la loi de 1890 lui a assuré une prépondérance numérique dans les conseils géneraux (goubernskia zemstva). Pour devenir les vrais interprètes des opinions et des vœux de la nation, la Douma devrait contenir dans son sein un nombre considérables de nobles.

Le président du Conseil des ministres, le comte Solsky se chargea de la défense du projet élaboré par le gouvernement. Mais comment entendit-il soutenir ce projet ? En déclarant que le système électoral, auquel s'est arrêtée la commission, est fort voisin de celui qui autoriserait le vote par ordres. Les électeurs choisis par les communes villageoises seront à son avis nécessairement des paysans, et les électeurs nommés par les assemblées de propriétaires du district seront dans la majorité des cas des nobles. La population urbaine ne formera point d'ordre séparé, mais la loi lui donne une certaine cohésion en constituant une curie électorale distincte, celle d'électeurs urbains.

D'ailleurs la majorité est assurée aux nobles et aux paysans. 70 o/o de tous les électeurs appartiendront à ces deux ordres (2.295 aux propriétaires fonciers en majeure partie nobles, 1.828 aux paysans communistes ; on aura à peine 1.245 électeurs urbains). Le professeur Kluchevsky combattit l'idée d'un système électoral basé sur la distinction des ordres, en déclarant à juste titre que dans ce cas les propriétaires fonciers seraient scindés en deux moitiés, qui finiraient nécessairement par se combattre.

Le prince Alexis Obolensky n'était pas porté à croire que les paysans fussent dans l'Etat l'élément conservateur par excellence et qu'ils ne demanderaient qu'à devenir les soutiens de l'autocratie. Les idées nouvelles commencent à germer dans leurs têtes, dit-il. Une fois devenus les compagnons de députés sortis d'autres rangs de la société et notamment du sein des ouvriers de fabriques, les paysans se laisseront aisément gagner par les meneurs. Quant au clergé, le prince était d'avis qu'il ne fallait point l'arracher aux devoirs de sa charge et lui faire perdre le prestige qu'il possède en le mêlant à nos discordes politiques.

Le ministre des finances Kokovzev émit des doutes quant à l'absence d'idées subversives dans le sein de la noblesse.

Les adresses reçues récemment par l'empereur de la part de plus d'un conseil général de province, conseil composé en majeure partie de nobles, contenaient des vœux politiques qui dépassaient de beaucoup les réformes proposées par le gouvernement. Le grand-duc Vladimir intervint dans les débats pour appuyer le projet de loi élaboré par le ministère. Qui sont ces princes Dolgorouki, Troubezkoi, Golitzin, Schachovskoy, ces Messieurs Petrounkevitch et autres, demanda-t-il, sinon des nobles ? Et quels sont pourtant leurs propos et leurs écrits ? Est-il possible d'insister sur leur esprit de corps et leur fidélité aux traditions de la noblesse ? Si cet ordre était sincèrement uni, il y a longtemps qu'on aurait vu ces personnes chassées du sein des assemblées nobiliaires dont ils sont l'opprobre. Or, ceci a-t-il été fait ?

Le contrôleur général Lobco fut d'avis que la noblesse n'est plus que l'ombre d'elle-même. Elle a perdu une bonne partie de ses terres et l'influence qu'elle exerçait au temps du servage. Au point de vue moral, elle est inférieure à ce qu'elle était il y a un demi-siècle. Autrement on la verrait accorder son appui au trône et des assemblées nobiliaires ne se compromettraient point par des demandes de réformes dirigées contre le maintien de l'autocratie. Il ne reste qu'un ordre vraiment imbu d'idées conservatrices. C'est celui des paysans. Il se tait, il ne tient point à saper l'autocratie, il ne demande aucune concession au pouvoir souverain. Tout ce qu'il désire, c'est qu'on améliore ses conditions économiques. Les paysans sont les vrais soutiens du trône, ainsi que de tout l'Etat. Il faut les appeler en grand nombre à la Douma pour les récompenser de leur fidélité, et pour tenir compte de l'influence que leur accorde leur prépondérance numérique. N'oublions pas qu'ils sont au moins 90 millions et qu'ils payent la majeure partie des impositions. N'oublions pas non plus qu'ils ont foi dans le tzar, qu'ils admettent que sa Majesté autocratique est seule à même de soutenir le faible contre le fort, l'opprimé contre l'oppresseur.

La discussion avait duré deux jours. L'empereur se croyant suffisamment édifié, mit fin au débat, il donna sa préférence au projet élaboré par ses ministres. L'article qui déclarait que les élections seraient générales, à cette exception près que les paysans communistes auraient leurs représentants particuliers dans chaque province, fut voté par la haute assemblée.

Il a suffi de deux mois, deux mois de débats législatifs, pour produire un revirement complet dans la façon de voir de nos classes dirigeantes. On croyait le peuple des campagnes docile et d'esprit conservateur. Or, ce sont les députés des communes agricoles qui constituèrent le parti qui revendiqua avec le plus de chaleur et d'intransigeance le droit des travailleurs à posséder à eux seuls le sol du pays.

Ce sont ces paysans communistes qui insistèrent sur le droit et le devoir qu'avait le trésor de racheter à vil prix, prix inférieur à celui du marché, les terres des seigneurs, afin de les partager ensuite parmi le peuple des campagnes. On ne laisserait au seigneur du manoir que 50, tout au plus 100 dessiatines. Le reste serait soumis au rachat obligatoire et à juste prix. La première Douma croyait à la possibilité de fixer ce juste prix, ce *justum pretium* que Thomas d'Aquin avait vainement cherché et qui reste insaisissable pour les réformateurs sociaux de notre temps.

Ces revendications ont été si tapageuses, que bon gré mal gré tous les partis favorables à un changement dans les institutions politiques du pays, tous ceux qui voulaient une constitution et la reconnaissance par le pouvoir de libertés nécessaires, n'ont pu faire moins que de soutenir le projet d'un rachat obligatoire des terres seigneuriales, rachat accompli plus ou moins sur les mêmes principes que ceux qu'on suivit en 1861, lors de l'émancipation des serfs.

Le système du « mir » avec une répartition périodique du sol devait non seulement être maintenu, mais il s'agissait encore de l'étendre à toutes les terres que l'Etat rachèterait aux seigneurs pour en doter les paysans, ainsi qu'à toutes celles des terres de la couronne et des apanages qui passeraient aux mains des cultivateurs des campagnes, des paysans communistes.

Dans un livre paru à la fin du siècle dernier sous le titre suivant : *Le régime économique de la Russie* (Giard et Brière, 1898), j'ai traité en détails la question du communisme agraire russe. Je ne reproduirai ici que certaines idées plus amplement développées dans mon livre. En parlant du « mir », les observateurs étrangers se contentent de dire que ce régime suppose nécessairement des répartitions périodiques du sol dans les limites d'une seule et même commune. Ces répartitions se font en parts égales; l'allotissement a lieu tantôt par feux, tantôt par têtes ; les pâturages et les forêts restent indivis, soumis à l'usage commun des co-villageois. Tous ces traits ne constituent pas encore le caractère particulier du « mir ». Afin de le saisir, il faut entrer dans le détail des procédés, suivis par nos paysans en cas de partage périodique du sol. Nous devons insister sur la stricte correspondance des lots personnels tantôt aux charges pécuniaires qui pèsent sur les paysans communistes, tantôt aux besoins matériels de chaque individu.

Pour que l'égalité devienne un fait, il s'agit de procurer à chacun des villageois d'une même commune non une part strictement équivalente à celle de son voisin, mais des avantages analogues. La même commune possède des terrains divers, les uns plus fertiles que les autres ou plus avantageusement situés. Certains champs sont à la portée de la main, les autres à une plus ou moins grande distance du chef-lieu de la commune ou sont situées dans le voisinage des demeures paysannes.

Pour se conformer à la coutume, il faudra en faisant la répartition des lots, partager par tête les terrains de diverse qualité, de façon à donner à un seul et même individu des parcelles de chacun de ces terrains. Le nombre des champs, dans lesquels chaque communiste a droit à une part égale, dépend par conséquent non seulement de l'assolement triennal qui suppose l'existence de trois champs : champ d'hiver, champ d'été et jachère, mais encore de la situation topographique des terres qu'on partage, ainsi que de la plus ou moins grande fertilité du sol. Un seul paysan peut, par conséquent, posséder un lot composé de parcelles disséminées non dans les trois champs seulement, mais dans quatre, cinq, six et un nombre encore plus considérable de champs. Ces champs varient entre eux, les uns étant des champs de terre noire, les autres des champs de sable ou de terre glaise ; les uns environnent le chef-lieu de la commune, les autres sont situés sur ses confins.

Une autre raison explique le grand nombre de champs dont se compose la terre arable d'une même commune villageoise ou « mir », c'est la configuration même de ses terrains ; elle est souvent irrégulière ; leur partage en parcelles d'égale grandeur présente en ce cas des difficultés sans nombre pour des arpenteurs peu habiles, insuffisamment instruits, comme l'est le commun des villageois. Ne sachant comment s'y prendre, ils divisent le terrain de la commune en plusieurs quadrilatères d'inégale grandeur et procèdent ensuite à l'allotissement dans les limites de chacun d'eux.

Une autre raison de l'éparpillement des parcelles, composant un seul et même lot paysan, c'est que les terres paysannes sont souvent entremêlées avec celles des ci-devant seigneurs. Une commune peut, par conséquent, posséder des champs en différents endroits et en nombre divers. L'égalité exigerait que chaque paysan participât à l'usage de tous ces champs ; or, cela n'est possible qu'à condition de lui tailler des parcelles dans chacun d'eux.

Ajoutez à toutes ces raisons d'ordre général d'autres particulières, telles la présence d'une touffe d'arbres, d'un petit lac ou d'un marais qui morcellerait un seul champ en deux ou trois parcelles différentes, et l'on comprendra sans peine pourquoi une commune possède souvent un grand nombre de champs divers. On les nomme « kon » ou « iarous » souvent aussi « oudel » ou « zveno ».

Leur nombre est indépendant de tel ou tel mode d'assolement ; chaque champ a ses limites aisément reconnaissables. Au lieu d'accorder des parcelles distinctes à un seul et même individu dans chacun de ces champs, les paysans se contentent quelquefois de découper des parcelles à un individu dans tel de ces champs et à un autre dans tel autre. Cela a régulièrement lieu dans le cas où des champs d'égale fertilité ou également bien situés font partie d'une seule et même commune.

Sans entrer dans de plus amples détails, que vous pourrez trouver au besoin dans mon livre, je me contenterai de dire que les lots une fois découpés dans les divers champs de la commune et chaque champ divisé en conséquence en parcelles d'égale grandeur, on passe à la distribution des lots entre les paysans établis à demeure dans la commune. Les foyers paysans étant composés d'un nombre inégal d'individus, on accumule dans les mains de ceux qui les composent un plus ou moins grand nombre de lots ; on tâche de réunir ces lots et les parcelles qui les composent en faisceaux. Autrement dit, les personnes d'un même foyer reçoivent des parcelles voisines.

Ainsi en est-il quant à l'allotissement des terres de la commune non à des individus distincts, mais à des ménages composés de plusieurs personnes, formant un seul feu ou foyer.

Mais revenons à la façon dont sont distribués les lots entre les individus de la même commune. On procède généralement de la façon suivante. On place dans un bonnet autant de petits morceaux de bois qu'il y a de partageants. Chaque morceau reçoit une forme distincte et correspond à un certain numéro. Un à un les représentants des divers groupes de partageants plongent leur main dans le chapeau. Ainsi on arrive à définir l'ordre dans lequel se fera la distribution des lots entre les divers groupes. La coutume exige dans certaines localités que ceux qui ont eu la première parcelle dans un champ, n'aient droit qu'à la dernière parcelle dans un autre champ, toujours afin d'égaliser les conditions. Le partage entre groupes est suivi de celui entre individus. De nouveau on tire au sort et on apprend qui aura droit à tel ou tel terrain parmi ceux qui ont été assignés au groupe. Prenons un exemple concret pour mieux expliquer le côté technique du procédé que je viens de décrire.

Dans une commune de 70 habitants, il est facile de constituer 7 groupes de co-partageants, chaque groupe étant composé de la sorte de 10 individus. Ce sont ces groupes qui tirent les premiers au sort. On distribue entre eux la terre de la commune en accordant à chaque groupe des parts dans tous les champs ou « kons », ou seulement dans un certain nombre d'entre eux, si la qualité du sol est plus ou moins la même dans tous ces champs. Puis on procède au tirage au sort, afin de déterminer ce qui revient à chacun des membres d'un seul et même groupe, groupe composé, comme nous l'avons vu, de dix personnes. Le partage ne se fait pas toujours par têtes ou comme on a l'habitude de dire, par bouches (po iedokam). Dans certaines localités, on n'admet au tirage au sort que ceux dont les noms sont portés sur les listes du dernier recensement de la population. La mort aura pu emporter certaines personnes indiquées dans ce recensement ; et tout de même les ménages ou foyers dont ils faisaient partie continueront comme par le passé à détenir le même nombre de lots et à payer la même quote-part des impositions.

En dehors des répartitions périodiques de tout le sol appartenant à la commune, on arrive à égaliser les parts qui reviennent aux différents ménages par un procédé connu sous le nom de « valka » et « navalka », c'est-à-dire en diminuant ou au contraire en augmentant le lot ou les impositions de telle ou telle maisonnée, selon que le nombre de ses membres s'est accru ou au contraire diminué depuis le dernier partage. C'est là un réajustement partiel des lots ; il tend de plus en plus à prendre le pas sur les répartitions périodiques du sol ; il a le grand avantage de permettre aux ménages paysans de tirer profit de tous les perfectionnements techniques qu'ils ont introduits dans l'aménagement de leurs lots.

D'ailleurs, même en cas de partage périodique, alors que des terres fumées et des prairies artificielles passent d'un ménage à un autre, on tient compte du travail et de l'argent dépensé à augmenter la productivité du sol et on dédommage ceux qui y ont contribué. Pour cela, on leur paye tantôt une certaine somme d'argent, tantôt, et c'est le cas le plus fréquent, on leur accorde une étendue de terrain plus grande que celle qui leur reviendrait par le fait d'un partage strictement égal.

Le régime communiste des terres est loin d'être, ainsi qu'on le déclare bien souvent, un empêchement insurmontable à tout progrès agricole. Certaines parties du sol communal sont souvent affectées à la culture de la betterave, de la pomme de terre, du chanvre et du lin. D'autres sont ensemencées de grains de luzerne, de chèvrefeuille, de trèfle, de sainfoin et deviennent des espèces de prairies artificielles. On a signalé à plusieurs reprises et dans plus d'une province l'entrain avec lequel les paysans, surtout du centre de la Russie (les provinces de Moscou et de Tver) s'adonnent à la culture du trèfle et de la luzerne et ceux de la région de la terre noire à la culture de la betterave et du maïs. Dans plus d'une commune, cette évolution a été suivie de l'abandon de l'assolement triennal ; le quatrième champ est ensemencé dans ce cas de graines de trèfle, de luzerne, etc.

Si dans quelques provinces on a gardé jusqu'à nos jours l'assolement triennal, c'est qu'on a su tirer profit de la jachère comme d'un pâturage pour le bétail de la commune ou qu'on s'est mis à y planter des légumes, tels que choux, raves, navets, etc. Les prairies artificielles deviennent de plus en plus communes surtout dans les provinces septentrionales où les récoltes de blé sont généralement maigres, ainsi en est-il à Novgorod et même à Archangel. Mais le point de départ de ces prairies artificielles a été le centre de la Russie, les bords de la Souchona, les provinces de Moscou, de Iaroslav, de Toula.

Les paysans communistes soumettent les prairies, tant naturelles qu'artificielles, à des répartitions qui se renouvellent tous les ans. C'est encore le souci de l'égalité qui les pousse à adopter un pareil procédé. La coutume exige que l'allotissement n'ait lieu que quelques jours avant la fauchaison ; souvent on ne soumet au partage que le foin déjà coupé. Dans ce cas, la fauchaison se fait en commun. Il arrive également que le même pré passe durant un certain nombre d'années en rond d'un groupe de ménages à tous les groupes. C'est là un système également connu en Irlande sous le nom de run-rig system, c'est-à-dire de passage à la ronde.

Le plus sérieux défaut du communisme agraire en Russie est certainement le grand nombre d'enclaves que présentent les champs d'un seul et même village sous ce régime. Tous les habitants de la commune ayant droit à des parcelles distinctes dans les divers champs, on arrive à un tel émiettement du sol que le travail agricole en est atteint. Il est impossible de labourer les champs ou de récolter le blé sans enfreindre les limites de ses voisins ; c'est à travers leurs lots que doit passer la charrue, et les moissonneurs eux-mêmes ne peuvent atteindre leurs propres parcelles sans fouler les terres de leurs co-partageants.

Les inconvénients qui en procèdent sont exactement les mêmes que ceux qui, au Moyen Age, ont amené les membres des communes rurales à cultiver leurs champs en commun. Ce fut, comme l'on sait, le cas des villageois anglais. On attachait à une seule charrue huit têtes de bétail appartenant à divers foyers ; on faisait sortir toutes les charrues d'un village le même jour et on labourait en commun à l'aide de ces charrues toutes les parcelles d'un même champ.

On recourait au même procédé communiste pour la récolte et la rentrée des blés. Les travaux communs faits en automne (les *precariæ autumni*) étaient pour cette raison suivis de ceux du printemps et de l'été. On en parlait comme de charges entreprises par amour du prochain (lovebones), c'est-à-dire par sentiment de solidarité. Elles ne donnaient que le droit de s'asseoir à midi et au coucher du soleil à la table commune, approvisionnée par le seigneur du manoir féodal.

Les mêmes causes produisant les mêmes effets, on trouve en Russie un système identique de travaux agricoles accomplis par tous les foyers du village, à des termes fixés d'avance par la coutume. Ce système existait encore à l'époque du servage et s'est maintenu jusqu'à nos jours. C'est de la sorte qu'on arrive à mitiger les inconvénients d'un trop grand morcellement du sol et des enclaves qui en procèdent. Les enclaves d'ailleurs ne sont guère moins nombreuses sous le régime de la petite propriété. Nous en trouvons la confirmation dans le midi de l'Allemagne, en Bavière et à Bade. Le partage égal des successions conduit nécessairement à ce résultat. Les enclaves sous le régime de la petite propriété sont même plus funestes à l'agriculture, que sous le régime de communautés agraires, car les champs des particuliers sont entourés de haies et de fossés qui barrent le passage aux charrues, et forcent l'agriculteur à faire de longs détours, ce qui produit pour lui une perte de temps considérable. Le mal que font à l'agriculture les enclaves sous le régime communiste peut être mitigé dans le cas où l'aménagement des champs se fait en commun ; tel est le cas de ces communes-artels qui en petit nombre, hélas, ont passé du morcellement de la terre à celui de ses produits. Mais en dehors même de ces villages vraiment communistes, les « mirs » russes échappent en partie aux inconvénients d'un morcellement excessif du sol par le seul fait que les travaux agricoles se font à des époques fixes et réglées par la coutume. C'est là ce que les Allemands appellent le Flurzwang. Il a un défaut : il rend difficile l'initiative privée et empêche d'introduire dans l'aménagement des champs des améliorations techniques, rendant possible par exemple une triple ou quadruple fauchaison, car cette dernière ne pourrait avoir lieu qu'à la condition de modifier la distribution des travaux agricoles quant au temps. D'ailleurs l'exemple de la Suisse où les communaux ou Allmendes sont encore fort communs, prouve on ne peut mieux la possibilité de soustraire à la vaine pâture certains champs, et de ne soumettre au parcours des troupeaux certains autres que bien tard dans la saison, ce qui rend possibles les fauchages multiples d'un seul et même pré.

Il s'en suit que le régime qui nous est commun avec certaines parties de la Suisse, où les Allmendes sont souvent partagées en lots connus sous le nom de Garten ou jardins, est à même de se plier aux exigences d'une économie rurale plus perfectionnée.

Les quelques inconvénients d'ordre économique que présente le régime du mir ne devraient pas nous faire oublier ses avantages sociaux. Le communisme agraire a eu le grand mérite de nous sauvegarder de ce prolétariat des campagnes, qui est un des fléaux dont souffrent la Grande Bretagne et en moindre partie certaines régions de l'Italie, la Sicile par exemple. Le sol est resté en Russie au cultivateur à titre indivis. L'aliénation des biens possédés en commun est impossible. On peut céder à autrui le seul exercice du droit d'usage et cela pour un nombre d'années plus ou moins restreint, tout au plus jusqu'au jour d'un nouveau partage des champs communs entre les villageois.

Un autre effet heureux de cette vie en commun, que suppose nécessairement le régime du « mir », est de développer parmi nos paysans un sentiment de solidarité. Certains de nos écrivains, tel M. Zlatovratzky, y voient le côté le plus heureux de notre communisme agraire. Cet esprit de solidarité ne se maintient qu'aussi longtemps que le paysan est lié à la commune et partage ses multiples intérêts. Le jour où un tiers état rural viendrait à se former au sein de nos campagnes, et c'est là une évolution dont les origines remontent déjà à plusieurs dizaines d'années, nous verrions apparaître dans nos villages la même âpreté au gain, la même soif d'agrandir son bien, dont Zola nous a donné le spectacle attristant dans son roman *La terre*. Un écrivain russe contemporain, M. Radionov, a un peu forcé la même note dans un livre très en vogue parmi nos réactionnaires. Le paysan russe, tel qu'il le dépeint, est privé de morale et de religion et ne pense plus qu'à s'enrichir aux dépens du prochain dans le seul but de faire bonne chère et de s'adonner à l'ivrognerie.

Bien plus juste est l'appréciation que donne de la vie journalière de nos villageois, le fameux récit de Tchechov intitulé *Les moujiks*. Il nous fait connaître le triste sort qui attend à sa rentrée au village un paysan, ayant rompu tout lien avec le sol. Ce malheureux ne rencontre plus aucune sympathie dans son lieu de naissance, car il n'a plus d'intérêts communs avec les autres membres de la commune. Il ne lui reste qu'à rebrousser chemin.

Pendant la première Douma, loin de penser à mettre un terme à l'existence de la commune rurale, une forte majorité de députés a soutenu l'idée d'une nouvelle intervention de l'Etat, pareille à celle qui s'est produite en 1861 lors de l'émancipation des serfs.

Le gouvernement s'était chargé à cette occasion de racheter aux seigneurs les terres, alloties par eux aux paysans communistes.

Ces derniers devaient payer par annuités leur dette à l'Etat. Ils l'ont fait sous forme d'une augmentation d'impôts. Une fois rentré dans ses fonds, l'Etat a fait grâce aux retardataires de leurs arrérages et, sous le règne d'Alexandre III, a fini par mettre un terme au prélèvement de l'impôt personnel (podoushnaia podat); jusque-là cet impôt lui avait procuré le moyen de recouvrer les dépenses faites par le trésor pour le rachat des terres paysannes aux seigneurs des manoirs.

En 1906 on espérait que l'Etat ferait un nouveau sacrifice d'argent. Les paysans, se sentant à l'étroit, demandaient au gouvernement de racheter une partie des terres restées entre les mains des ci-devant seigneurs. Ce rachat devait se faire à un prix raisonnable qu'on appelait volontiers du nom de juste prix ; il devait être inférieur à celui du marché. Les terres une fois passées aux mains de la couronne, cette dernière devait en disposer au profit des communes rurales. Celles d'entre elles où, grâce à un accroissement de la population, les lots étaient devenus insuffisants, acquéraient de la sorte le moyen de les augmenter ainsi que la possibilité d'en distribuer à ceux des villageois qui sont venus s'établir dans la commune, après la répartition du sol lors du dernier partage.

En somme la réforme que méditait le parti paysan, appelé le parti du travail (troudoviki) et que toute la gauche voulait bien soutenir en y introduisant d'ailleurs quelques modifications, se réduisait en définitive à une sorte de rachat forcé, semblable à celui qui est en train de se faire en Angleterre, grâce à l'initiative prise par Loyd George et le cabinet libéral dont il fait partie. Le rachat devait d'ailleurs se faire en Russie sur une bien plus grande échelle et ne laisser aux mains des propriétaires privés que 100 dessiatines en moyenne. Un petit nombre de propriétés bien aménagées et pouvant servir de modèles aux autres devaient seules être soustraites à ce rachat forcé.

Le gouvernement ne devait rentrer dans ses fonds qu'à l'expiration d'un grand nombre d'années. Il était autorisé à se procurer l'argent nécessaire au rachat par une opération de crédit dont on n'avait pas vu d'exemple dans le monde, du moins quant à ses dimensions, mais qui sur plus d'un point devait présenter le même caractère que celui du rachat forcé d'une partie des terres seigneuriales en 1861, lors de l'émancipation des serfs.

Nous ne retenons de toute cette réforme, à peine ébauchée, que ce trait saillant qu'elle devait servir à augmenter le nombre de terres paysannes indivises et placées sous le régime du mir, autrement dit, du communisme agraire.

L'idée que la classe paysanne servirait de contrepoids aux aspirations en partie libertaires, en partie purement libérales et réformatrices des couches supérieures de la société était fortement enracinée dans les hautes sphères et la bureaucratie.

Un organe plus ou moins officiel, *L'Etat russe*, à la veille des élections appréciait de la façon suivante les services que les paysans allaient rendre au maintien de l'ordre et au choix judicieux des futurs législateurs : « Grâce à leur cohésion, au calme qui caractérise leur conduite et à l'esprit naturel dont ils font preuve, par la juste compréhension des vrais intérêts du pays, les paysans serviront de contrepoids aux autres électeurs ; ils rendront impossibles les débats purement théoriques et forceront la Douma à suivre dans sa conduite la ligne tracée par les vrais besoins du pays ». Le résultat des premières élections produisit un grand désappointement dans les rangs des conservateurs. Le petit commerce et la bourgeoisie moyenne, ainsi que les professions libérales, vu l'abstention systématique de la classe ouvrière, eurent la haute main sur les élections. Ils firent spontanément cause commune avec les paysans. Grâce à leur étroite union les députés de la première Douma présentèrent au monde un spectacle tout à fait inattendu. La majeure partie fut recrutée parmi les gens tout aussi désireux d'assurer au pays une constitution libérale que d'améliorer le sort matériel de la classe paysanne. A l'ouverture de la Douma on compta sur les 448 membres qui en faisaient partie, 153 démocrates constitutionnels et 167 députés appartenant au parti du travail. Les deux groupes marchèrent la main dans la main. Le parti le plus nombreux en dehors des deux que je viens d'indiquer fut composé de ceux qui tenaient à l'autonomie de la Pologne, de la Petite Russie, de la Sibérie, des Provinces Baltiques. Aucun de ces fédéralistes n'était contraire à la revendication de nos libertés publiques, ainsi qu'à la remise de nouvelles terres aux paysans. On peut juger de la bonne entente qui régnait entre les partis de la gauche dans la première Douma, et de la prépondérance que gardèrent dans son milieu les démocrates constitutionnels, par ce fait que le nombre de ces derniers ne fit qu'augmenter. Au moment où la Douma fut dissoute sur l'ordre du gouvernement, le parti constitutionnel démocratique comptait déjà 179 membres, c'est-à-dire 37,40 %, de toute la représentation nationale. Il avait pour alliés à droite le parti des démocrates réformistes et à gauche les « travailleurs ». Dans son ensemble les trois groupes réunis disposaient presque de la moitié de toutes les voix. Sur la majorité des questions à débattre ils pouvaient compter sur l'appui des pacifistes et des progressistes qui, à eux deux, formaient 8 o/o du nombre total des députés.

Le parti conservateur vit qu'on avait fait fausse route et chercha désormais à se rapprocher de la noblesse. Cette dernière dans une réunion de délégués de plusieurs provinces se déclara ouvertement contraire au programme social et politique de la majorité. Elle se prononça dans ce sens déjà, durant les premières semaines qui suivirent l'ouverture des débats législatifs. Dans une réunion tenue au mois de mai, le Congrès des membres de la noblesse unifiée se prononça en faveur du maintien de l'autocratie et contre tout rachat forcé des terres pour cause d'utilité publique. « Le principe de l'inviolabilité de la propriété privée, lisons-nous dans son manifeste, doit être maintenu envers et contre tous. »

Dès ce moment la noblesse russe recommanda instamment et à plusieurs reprises deux réformes qu'elle réussira à faire passer grâce à l'appui de la haute bureaucratie, composée qu'elle est en majeure partie de membres du premier ordre de l'Etat. L'une de ces réformes est la loi électorale actuelle, l'autre, c'est la dissolution plus ou moins forcée de la communauté villageoise, ce qui doit nécessairement avoir pour suite d'augmenter le nombre des propriétaires individuels et par conséquent le chiffre de ceux directement opposés à toute idée de rachat forcé des terres seigneuriales par l'Etat. On mit un terme à l'existence de la Douma à un moment, où le projet de réforme agraire n'avait pas dépassé le seuil de la commission élue par les représentants du peuple.

Le cabinet de feu M. Stolypine se chargea d'accomplir les vœux de la noblesse unifiée. Après le renvoi de la Douma, le gouvernement fit paraître une espèce de décret (on dit en russe oukaz) ; ce décret, daté du 9 novembre, révolutionna de fond en comble tout le système agraire de nos paysans.

Il fut suivi, à bref délai, de la publication d'un autre décret ayant également force de loi. Il s'est agi cette fois d'établir un nouveau système électoral. Ceci ne put se faire que contrairement aux lois fondamentales. Ces lois ayant déclaré qu'aucun changement de cet ordre ne pouvait avoir lieu que du consentement de la Douma et du Conseil de l'Empire, on ne tint aucun compte de la légalité, en prétendant qu'il s'agissait avant tout de sauver la patrie en danger. La seconde Douma venait d'être dissoute. La doctrine *salus populi suprema lex* fut développée à quelques mois de distance du haut de la tribune de la troisième Douma par le président du Conseil, M. Stolypine. Cette doctrine disculpait le gouvernement de toutes les atteintes portées à la loi.

La « démocratie royale » avait vécu. La noblesse russe fut de nouveau admise au rôle de classe dirigeante. Elle en tira parti pour entamer une lutte acharnée contre le communisme agraire de nos campagnes.

En quoi consista cette lutte et quel en fut le dénouement, c'est là la question que j'ai l'intention de traiter dans ma prochaine conférence.

TROISIÈME LEÇON

LE MIR RUSSE ET SON PROCHAIN AVENIR

L'histoire de la propriété foncière tant en Orient qu'en Occident nous révèle le fait suivant : nulle part le passage de la propriété collective à l'appropriation individuelle du sol ne s'est fait qu'à la suite d'un conflit d'intérêts tant au sein des communes rurales, qu'en dehors d'elles. Le principe de l'indivision propre au régime communiste a toujours été considéré comme un obstacle à l'accumulation de fortunes immobilières. Le clergé et la noblesse féodale devaient pour cette raison même se ranger au nombre des antagonistes de ces communautés villageoises, qui possèdent en indivis les forêts, les landes, les pâturages et quelquefois les terrains cultivés, et n'admettent point la libre disposition de tous ces fonds tant de la part du seigneur du manoir que de celle des communiers eux-mêmes. De là ces triages dont il est tant de fois question dans l'histoire législative de la France aux XVIe et XVIIe siècles. Ils permettaient au seigneur de sortir de l'indivision, mais à condition de laisser à la commune la libre disposition d'un ou même de deux tiers du sol. Ceux qui n'eurent point recours à ce moyen, continuèrent à lutter avec leurs serfs, en insistant sur leur droit d'admettre le bétail étranger sur les communaux et d'interdire l'affouage dans les limites de la forêt, autrement dit le droit d'en tirer le bois mort et le mort bois, ainsi que les matériaux nécessaires aux constructions. Un autre point sur lequel il était difficile de maintenir l'accord entre le seigneur et la commune, c'était le droit de défricher le sol dans les limites de la forêt communale ou des terres vaines et vagues pour le rendre apte à l'agriculture. Les villageois prétendaient que leur consentement était nécessaire à l'exercice de ce droit, alors que le seigneur tenait à garder ce pouvoir entièrement entre ses mains.

Au sein de la commune il était également aisé de constater l'existence d'un conflit d'intérêts entre les villageois enrichis, éleveurs de bétail et le commun peuple ; les premiers étaient fort souvent favorables à un partage définitif des terres indivises et à leur libre aliénation sur le marché, car elle seule pouvait permettre d'arrondir leurs biens-fonds. Mais on pouvait constater des cas contraires où les enrichis, surtout les éleveurs de bétail, étaient favorables à l'indivision qui leur assurait l'usage de la vaine pâture.

Les mêmes démêlés occasionnés par un réel antagonisme d'intérêts, se sont produits en Russie au sein de nos campagnes. Ils ont apparu au grand jour durant les cinquante années qui suivirent l'émancipation des paysans. L'acte du 19 février 1861 sépara le seigneur de ses anciens serfs. L'Etat s'offrit à avancer les sommes nécessaires au rachat des servitudes réelles, ainsi que de la terre, occupée par les communautés villageoises. Leurs membres acquirent la liberté de leur personne et l'usage en indivis des terres rachetées au seigneur par l'Etat. Dans la majeure partie de nos provinces le sol devint propriété de la commune. Des partages périodiques assurèrent aux familles des ci-devant serfs la possession d'un certain lot de terre arable pour un nombre d'années fixé d'avance. Des droits d'usage leur furent reconnus dans la forêt communale, dans les terres restées en friche. Une espèce de vaine pâture fut accordée aux paysans sur toutes les terres de la commune à la rentrée des récoltes. En même temps la loi prévoyait le moment où les paysans, ayant restitué à l'Etat les avances d'argent faites pour le rachat de leurs terres, désireraient en devenir les propriétaires. Elle déclara, par conséquent, que le partage final des terres de la commune se ferait toutes les fois que la moitié plus un des ayants-droit se seraient prononcés en faveur de la division du sol. Le manque d'argent empêcha les paysans de faire souvent usage de cette autorisation, du moins dans les premières décades qui suivirent l'émancipation des serfs. Mais sous le règne d'Alexandre III, alors que la majeure partie des sommes avancées par l'Etat lui furent remboursées, les demandes de partage définitif présentées par les communes rurales devinrent plus fréquentes. Le gouvernement s'en émut, et grâce à l'intervention de

M. Pobédonoszev, fervent partisan du « mir », un décret impérial publié le 14 décembre de l'année 1893 s'opposa à ce que les paysans, ayant remboursé à l'Etat ses avances d'argent, pussent acquérir par cela même le droit d'exiger un partage définitif du sol.

Le partage ne put se faire désormais que du consentement des deux tiers des membres de la commune. Rien d'étonnant, par conséquent, si dans les dix et quelques années qui ont précédé la loi nouvelle du 9 novembre 1906 sur les biens communaux, les arrangements intérieurs qui se sont faits entre gens désireux de quitter le village et ceux qui ne demandaient qu'à acquérir leurs lots, ont dû reposer sur d'autres moyens que celui de la vente et de l'achat. Plus d'un communiste a cédé de consentement mutuel ses droits ruraux à un voisin à condition de ne plus payer les impositions dont était grevé son lot ; souvent aussi en échange d'un certain payement en argent. Tous ces arrangements ont pris la forme de ventes et d'achats aussitôt que la loi accorda aux villageois, désireux de mettre un terme à l'indivision, le droit de procéder aux partages définitifs du sol communal.

Aussi les demandes de cet ordre furent-elles fort nombreuses dans les deux premières années qui suivirent l'édit du 9 novembre 1906. 218.104 communes témoignèrent de leur désir de procéder au partage en 1907 ; 840.059 en 1908, 649.921 en 1909. Depuis, ce mouvement a sensiblement diminué. On ne compte plus, en 1910, que 348.336 communes ayant demandé le partage définitif du sol, c'est-à-dire un peu plus de la moitié du chiffre précédent (1). En 1911 à commencer du 1er janvier au 1er juin, 114.447 communes ont seules fait la même demande. Nous manquons de chiffres plus récents (2). Mais ceux que nous venons de donner témoignent par eux-mêmes d'une notable diminution d'intensité dans les tendances individualistes (3).

A la veille de l'édit du 9 novembre, des cas de partage définitif du sol communal se sont présentés dans certaines provinces. Nous possédons nombre de faits de cet ordre dans un district de la province de Pskov, celui de Kholm. Il avoisine les Provinces Baltiques, notamment la Liflande, où le communisme agraire est inconnu et l'agriculture, grâce à l'emploi des capitaux, a atteint un niveau des plus élevés. L'exemple de leurs voisins paraît avoir été contagieux pour les paysans de Kholm.

Des renseignements, pris sur les lieux par M. Kisliakov, rendent indubitable que les 8 communes qui ont procédé au partage ont sciemment poursuivi le but de réunir en un seul faisceau les parcelles faisant parti du même lot paysan ; elles reconnaissaient l'avantage que présente au point de vue économique le système de la petite propriété rurale (4).

(1) TCHERNISCHOF, *Avis des paysans sur le compte de la commune agraire*, p. 6.

(2) TCHERNISCHOF, *Ce que les paysans ont déclaré avant l'édit du 9 novembre 1906 sur le compte de la commune rurale*. Saint-Pétersbourg, 1912, p. 6.

(3) En 1912 le nombre des demandes s'est élevé au double.

(4) On trouve dans quelques actes de partage cette phrase typique : nous croyons qu'il est de notre intérêt de procéder à

Des idées analogues furent émises par les paysans du gouvernement du Smolensk à l'occasion d'une enquête entreprise en 1902 par la commission exécutive du conseil général de ce département. M. Tchernischev qui fit usage de documents recueillis par cette enquête nous apprend que la majorité des communes se prononça en faveur du partage, en déclarant que l'indivision les empêchait de cultiver le sol ainsi qu'elles le désiraient ; le paysan s'abstient de dépenses nécessaires à un meilleur aménagement de son lot, de crainte que ce lot ne passe à un voisin en cas d'une nouvelle redistribution des terres entre les villageois ; les parcelles d'un seul lot étant disséminées sur une grande superficie de terrain, le paysan perd énormément de temps à transporter ses travaux agricoles d'un lieu à l'autre; les champs dont il a l'usufruit, n'étant point entourés de haies, sont foulés par le bétail de la commune, etc.

Mais à côté de ces considérations d'un caractère économique, on en trouve d'autres qui témoignent d'une lutte intérieure au sein de la même commune. Les riches, au dire des plus pauvres, trouvent leur profit à maintenir l'indivision. Elle leur permet d'envoyer paître leur bétail sur les champs de leurs voisins après la rentrée des récoltes. Des considérations analogues ont été émises en France en 1789 au moment de la rédaction des cahiers de paroisses. La partie la plus pauvre de la population des campagnes,

la délimitation des terres de chacun, car un pareil système est plus commode et plus avantageux à l'agriculture, *Du partage des biens communaux dans le district de Kholm*, Pskov, 1907, p. 4.

les manouvriers, se plaignirent que les laboureurs ou paysans enrichis obéraient de leur bétail les champs communs et tiraient seuls profit de la vaine pâture (1). Mais revenons à la Russie. Les moins aisés parmi les membres de la commune reconnaissent au système de l'indivision l'avantage que voici : leurs enfants, quel que soit leur nombre, sont sûrs de recevoir un lot dans la terre commune, car tout nouveau partage périodique et même un simple réajustement des lots existants, tiendra compte des changements qui se sont produits dans le nombre de personnes qui constituent un seul et même foyer paysan. On augmentera la part d'un ménage qui a plusieurs enfants aux dépens de ceux dont le nombre de membres est moins grand ou qui ne comptent guère d'enfants. Ceux des paysans qui sont pour le maintien de l'indivision, expriment également la crainte qu'en cas de partage définitif les plus pauvres ne vendent leurs lopins de terres aux plus aisés et ne passent de la sorte au nombre des prolétaires et mendiants. Actuellement même ceux dont les parcelles sont infimes tirent un certain avantage du droit qu'ils ont de faire paître leur bétail non seulement sur les terres vaines et vagues, mais également dans les champs de culture après la rentrée des blés et du foin. En cas de partage définitif du sol communal, chacun ne pourra plus donner à son bétail d'autre nourriture que celle qui provient de son enclos, souvent fort restreint. Le pauvre sera, par conséquent, forcé de vendre ses

(1) Consultez mon étude sur les origines de la petite propriété en France (en russe).

bœufs ou ses chevaux de labour, et à la suite son lopin de terre, qu'il ne sera plus à même de cultiver (1). Les partisans du « mir » ou du collectivisme agraire partent dans leur appréciation optimiste de ce principe qu'au sein de la commune rurale toutes les « bouches » ont un égal droit à recevoir leur lot dans les terres communes. Mais ce n'est certes pas la seule façon de partager les biens communaux qui a existé ou existe encore en Russie. Dans plus d'un village le partage ne s'est fait qu'entre les personnes ayant atteint l'âge auquel le service militaire devient obligatoire. Or, dans un cas pareil, les familles ayant beaucoup d'enfants en bas âge verront leurs intérêts sacrifiés à ceux qui comptent dans leur milieu un nombre plus grand d'adultes.

Les partages se font et se sont faits également en vue d'assurer la possession de lots d'égale grandeur uniquement à ceux qui payent l'impôt direct, c'est-à-dire aux travailleurs adultes, ce qui bien entendu ne met pas au même niveau tous les ménages de la commune.

Toutes ces différences exercent nécessairement leur influence sur l'appréciation que les paysans donnent du système de l'indivision. Alors que dans certaines communes les plus pauvres sont favorables au maintien de l'indivision, dans d'autres c'est le contraire qui a lieu. Les éleveurs du bétail, les enrichis, sont les premiers à chanter les louanges d'un système qui leur permet d'augmenter leur fortune aux dépens de leurs

(1) Tchernischev, p. 31-37.

voisins. Il se peut également que les ménages les plus aisés, dans l'espoir d'arrondir leurs terres, élèvent leur voix en faveur du partage définitif, car ils prévoient qu'en pareil cas, tous ceux qui ont contracté envers eux des dettes, ne pourront en être quittes qu'en leur cédant le sol qui doit leur revenir.

En somme la campagne russe, loin de présenter le spectacle d'une parfaite union, est scindée en deux entre ceux qu'un dicton populaire appelle « koulaks », c'est-à-dire individus sachant garder leur argent dans le creux de la main, et le reste de la communauté n'ayant d'autre avoir que les lots qui leur sont assignés par la commune.

Mais si pour diverses raisons les paysans de la Grande Russie sont loin d'être tous d'un même avis quant aux avantages du communisme agraire, la noblesse terrienne est plus ou moins unanime dans son antipathie pour le système du mir.

Astraction faite de quelques Slavophiles, qui voyaient dans le communisme agraire un trait particulier à notre race et qui répétaient volontiers les paroles jadis adressées à l'un deux (M. Koshelev) par le comte Cavour : la Russie conquerra le monde par son système du mir, qui lui fait ignorer le paupérisme, la noblesse est restée généralement hostile au communisme agraire et aux partages périodiques et cela pour bien des raisons.

En tant qu'usufruitier d'un lot, qui lui assure son pain quotidien, le paysan communiste est bien moins à la merci du propriétaire foncier, du ci-devant seigneur du manoir, que l'est un simple manœuvre agricole dépourvu de tout bien et réduit à vivre uniquement du travail de ses bras.

Aussi au moment de l'émancipation des serfs, on discuta longuement sur les avantages que présente le système agraire anglais, qui accumule les terres entre les mains de la noblesse et force les autres habitants de la campagne à gagner leur existence, tantôt en prenant en fermage les terres des manoirs seigneuriaux, tantôt en engageant leurs services aux propriétaires fonciers en qualité de simples manœuvres.

La théorie des économistes qui condamne le communisme agraire fut exposée en Russsie, non sans éclat, par un des disciples les plus fervents de la doctrine des harmonies économiques de Bastiat, M. de Molinari. Il vint tout exprès à Moscou et à Pétersbourg pour y faire une série de conférences fort suivies. Elles trouvèrent leur écho dans une partie de la presse périodique, notamment dans la fameuse *Gazette de Moscou*, dirigée par Katkov. La même théorie fut également professée dans les Universités par un certain nombre de savants russes, tels que Bezobrazov, Bapst, Tchitcherin, Guerrier etc.

Mais les idées de réforme sociale ayant pénétré en Russie avec les œuvres des Saints Simoniens et surtout de Fourier, un certain nombre de jeunes écrivains et journalistes se rangea du côté de Herzen d'abord et puis de Tchernischevsky ; tous deux ils croyaient avoir trouvé dans le « mir » et les partages périodiques du sol sinon la réalisation complète, du moins un acheminement vers le triomphe définitif de l'idéal communiste.

C'est ainsi que plus d'un adepte fervent du rapprochement de la Russie du système représentatif et parlementaire, existant en Europe et tout particulièrement en Angleterre, devint en même temps l'allié des Slavophiles en ce qui concerne le maintien du système agraire propre à nos paysans.

La noblesse et la bureaucratie s'en émurent. Tchernischevsky fut poursuivi sous prétexte d'un complot plus ou moins imaginaire. On le condamna aux travaux forcés en Sibérie. Mais sa propagande ainsi que celle de Herzen et des Slavophiles avait porté ses fruits.

Lors de l'émancipation des serfs, malgré l'avis contraire de la noblesse, Alexandre II ne se prononça point en faveur d'une dissolution forcée de nos communautés rurales. La loi de 1861 se contenta d'admettre le partage facultatif des biens communaux dans le cas où plus de la moitié des membres d'un village seraient en sa faveur.

La noblesse continua ses attaques contre le « mir », le rendant responsable de la prétendue paresse de l'agriculteur russe et de l'état arriéré de notre économie rurale. Ces attaques paraissaient assez peu justifiées à ceux qui voyaient cette même noblesse affermer généralement ses terres aux paysans communistes ou les gérer elle-même de façon à y entretenir l'assolement triennal, commun à nos villageois.

Mais le plus grand tort que la noblesse impute de nos jours au système de l'indivision du sol et aux partages périodiques, c'est d'entretenir parmi les paysans l'idée que la terre doit nécessairement appartenir aux cultivateurs, que l'Etat a pour mission de l'assurer aux générations à naître et que, par conséquent, il est de son devoir d'accroître les domaines des communes par le rachat des terres restées entre les mains des ci-devant seigneurs.

C'est pour faire triompher ces idées, prétendent les nobles, que furent organisées en 1906 ces révoltes paysannes qui se manifestèrent dans tout l'Empire par des faits analogues.

On détruisait par le feu les châteaux ou ce qui en tient lieu dans nos manoirs ; on abattait le bétail, on détruisait le matériel agricole, charrues, voitures de transports, granges etc., etc. ! Tout cela se fit dans l'espoir de retenir désormais le propriétaire foncier loin de son manoir et de le forcer de la sorte à se dessaisir de ses terres au profit des paysans.

Dans leur adresse à l'Empereur, les membres de l'assemblée des nobles unifiés de 29 départements ou provinces de la Russie d'Europe, déclarent que la question agraire a été soulevée par les ennemis intérieurs de l'Etat. Ces hommes mal intentionnés, à leur dire, comptent conquérir les paysans à leurs idées en leur faisant espérer de nouvelles dotations de terres au détriment des propriétaires actuels. Des promesses de cet ordre ont décidé du sort des élections à la première Douma. La noblesse croit de son devoir de porter à la connaissance de l'Empereur que le rachat obligatoire des terres seigneuriales par l'Etat aurait pour résultat d'ébranler un des principes sur lesquels repose l'Etat russe, celui qui veut que la propriété individuelle soit inviolable. La propagande entreprise en faveur du rachat obligatoire des terres seigneuriales n'est que le premier pas fait pour assurer le triomphe du socialisme, qui nie toute propriété individuelle. En portant un coup mortel à l'économie du manoir privé, on s'attaque aux vrais intérêts de l'économie nationale, car on diminue par là même la production, ce qui nécessairement va rejaillir sur le commerce et la circulation monétaire. Les paysans eux-mêmes ne tireront aucun profit d'une pareille mesure, car ils n'auront plus le moyen de gagner leur vie en cultivant les terres seigneuriales ou en les prenant à ferme.

Dans cette adresse les « nobles unifiés » font connaître également à l'Empereur leurs vues sur les moyens de relever le bien-être des campagnes. Il faudrait pour cela libérer le paysan de toute tutelle, surtout en ce qui concerne l'économie rurale. Il faut lui faciliter les moyens de devenir propriétaire de son lot dont il n'a eu jusqu'ici que la seule jouissance ; tout cela veut dire que le communisme agraire doit disparaître et que les paysans seront forcés de procéder au partage définitif de leurs communaux.

L'adresse parle en même temps de la nécessité d'encourager l'émigration intérieure et de faciliter au paysan l'achat de terres mises en vente en lui assurant les secours d'argent d'une institution de crédit alimentée par les fonds de l'Etat ; j'entends parler de la banque des paysans que créa l'Empereur Alexandre III.

Avant de signer cette adresse, la réunion des nobles unifiés discuta longuement une espèce de programme agraire élaboré par une commission spécialement nommée à cette fin.

Nous trouvons dans ce document les paroles que voici :

« On demande, se plaignent les nobles, le rachat des propriétés individuelles par l'Etat sur l'exemple de ce qui se passa en France en 1830, en 1848 et en 1871 et en Allemagne en 1849 ». J'ignore pour ma part de quoi il s'agit ici. Les nobles unifiés combattent le projet du rachat en disant :

« Au lieu d'être un phénomène d'ordre général, le prolétariat agraire n'existe en Russie que dans certaines catégories de paysans. »

« Les projets de réforme agraire introduits par le parti « du travail » et les constitutionnels démocrates nous conduisent directement à l'anéantissement de toute propriété individuelle. Car la propriété immobilière cessant d'exister, on arrivera à abolir également toute autre propriété. Ce qui aura pour conséquence le triomphe du socialisme. Or, le socialisme est une utopie. L'expérience des siècles, et tout particulièrement celle faite par nos paysans, démontre qu'il ne peut exister de travail productif que sous le régime de la liberté individuelle et de la liberté de l'effort créateur ; tous les deux ne sont point conciliables avec le socialisme. »

Le rachat obligatoire des terres seigneuriales au profit des paysans serait une mesure illégale. Il serait suivi de la mise en circulation de rentes hypothéquées pour la somme de 6 à 10 millions de roubles, ce qui conduirait à la baisse de toutes les valeurs. On peut combattre le paupérisme agraire, lequel ne se manifeste d'ailleurs sensiblement qu'en Petite Russie et dans les provinces du Sud-Ouest, par l'émigration intérieure, ainsi que par l'achat des terres mises en vente. Tous les ans il se vend en moyenne 3 millions et demi de dessiatines. Les acheteurs trouveront l'argent nécessaire en recourant aux services de la Banque des paysans. Ce qui importe le plus c'est de faire passer le paysan de l'assolement triennal à une culture plus intense ; or, pour cela il faut avant tout reconnaître au paysan le droit de disposer librement de son lot. Cela n'est guère possible que si on met un terme à l'indivision.

Un représentant de la noblesse allemande établie dans les provinces baltiques, ouvrit les débats à l'assemblée des nobles unifiés en déclarant que le grand ennemi était la commune rurale. C'est elle qui empêche le paysan russe de tirer un plus grand profit de la terre qu'il cultive. Il faut prendre le bœuf par les cornes et anéantir le système du mir. « Car c'est à lui que nous devons les bacilles socialistes qui infectent le corps social. »

C'est à l'indivision du sol communal qu'il faut attribuer également le fait qu'une classe ouvrière indépendante des cultivateurs ruraux ne s'est pas encore constituée en Russie. Il est vrai que pour cette même raison la main-d'œuvre y est à bas prix ; mais le travail russe est moins productif, ce qui renchérit le prix de la marchandise.

Il est certain que la commune rurale une fois dissoute, tout le monde ne pourra plus avoir son lot individuel. La loi de l'offre et de la demande réglera désormais tous les rapports économiques au plus grand bien de tout le monde.

Un sénateur, d'opinions slavophiles, se chargea de défendre la commune agricole en déclarant que les émeutes paysannes, dont on avait à se plaindre, n'ont point commencé ailleurs, que dans les provinces baltiques, ainsi que dans le midi de la Russie. Or dans ces deux régions, le système du mir n'existe point.

Cela se peut, lui répondit un propriétaire noble du gouvernement de Moscou. Mais notre devoir à nous, c'est de combattre avant tout le socialisme et d'introduire, parmi les masses populaires, le respect de la propriété. Or, pour cela, il n'existe d'autre moyen que d'abolir le communisme agraire.

C'est la commune rurale, déclara le prince A. Krapotkin (qui appartient à la même famille que celle du fameux anarchiste russe), c'est la commune rurale qui à travers les siècles a implanté dans l'âme du paysan russe l'idée que tout fils de paysan, par le fait seul de sa naissance, acquiert un droit d'usage sur le sol. Les révolutionnaires ont compris l'avantage qu'ils peuvent tirer d'une pareille doctrine pour soulever le peuple contre la noblesse, la bureaucratie et le clergé.

Dans d'autres pays, se plaint le prince A. Ouroussov, le paysan possède en moyenne bien moins de terre qu'en Russie ; mais on est loin de s'en plaindre ailleurs. Le respect de la propriété existe partout, excepté dans notre pays où la commune rurale, c'est-à-dire le socialisme, a anéanti ce sentiment. Aussi faut-il avant toute autre réforme, mettre un terme à l'existence de la commune agricole. Quand nous l'aurons détruite, nous arriverons à créer une classe nombreuse de petits propriétaires fonciers qui deviendront nos alliés quand il s'agira de défendre l'individualisme agraire. Il faudra établir une ligue composée de tous les propriétaires fonciers.

Cette fois encore le communisme agraire de nos paysans trouve son défenseur dans la personne de M. Oushakof, un noble du département de Jaroslav.

Le grand avantage de notre système, déclara-t-il, c'est qu'il empêche le paysan de se dessaisir de son lot. On vit en commun. Les rapports sont aisés. La commune rurale une fois dissoute, les moins riches vendront leurs terrains ! On sera forcé d'établir les ménages paysans à une certaine distance l'un de l'autre ; on les empêchera de la sorte d'entretenir entre eux la cohésion qui les caractérise de nos jours. D'ailleurs si les paysans avaient été hostiles à l'indivision du sol, il y a longtemps qu'ils auraient partagé leurs terres et établi la propriété individuelle. Car la loi les autorise à procéder au partage définitif toutes les fois que les deux tiers des ménages arriveront à s'entendre là-dessus.

Un petit nombre de ceux qui ont pris part aux séances du 23 et 24 mai 1906, séances durant lesquelles se déroulèrent ces débats, n'avaient pas l'air d'admettre le point de vue des antagonistes de la commune rurale.

Un des représentants de la noblesse petite russienne, M. Brasol tint à disculper la commune de l'accusation d'être le vrai foyer du socialisme. Les émeutes paysannes, dit-il, ont éclaté dans le gouvernement de Poltava, où il n'existe point de commune rurale, mais où le paysan possède en propriété privée moins d'un hectare de terre par tête.

Mais la majeure partie de l'assemblée continua à soutenir la thèse que l'existence ultérieure de la commune rurale est un réel danger pour tous les propriétaires, qu'il faut par conséquent accorder au paysan communiste non seulement la liberté de sortir de l'indivision, mais encore encourager par toutes sortes de moyens le partage définif des terres communales en pleine propriété.

Le fameux décret du 9 novembre s'est inspiré des mêmes idées que celles qu'on trouve dans les débats que nous venons d'analyser. M. Stolypine a cru à tort que ces idées lui étaient personnelles. Au moment où la première Douma continuait encore à siéger, on nous fit de la part du gouvernement la communication d'un projet de loi agraire, où il n'était guère question que d'éliminer certains défauts du « mir », tels que morcellement excessif des lots d'un même paysan communiste, ce qui a pour effet de disséminer les parcelles dont ce lot se compose, sur une grande superficie de terrain et souvent à une grande distance les unes des autres.

Quant à mettre un terme à l'existence même de la commune rurale, à encourager la sortie de l'indivision des membres qui en font partie, le projet n'en disait pas un mot.

L'oukaz du 9 novembre a été analysé en français par M. René Marchand dans un livre récent paru sous le titre : *Les grands problèmes de la Politique intérieure russe* (Alcan, 1912). M. Marchand reproduit fidèlement le contenu des principales dispositions législatives que contient cet édit. Le législateur de 1906, déclare-t-il, se trouvait en face d'un double problème : il devait substituer dans la mesure du possible la propriété individuelle à la propriété collective, et d'autre part enrayer le morcellement du sol et remédier à ses graves inconvénients.

D'où deux séries de mesures bien distinctes qui, si on les dégage de tous les détails, peuvent se ramener aux principes directeurs suivants : I) *Substitution de la propriété individuelle à la propriété collective.*

Il faut considérer trois catégories de terres communales :

A) celles qui n'ont été l'objet d'aucun partage général depuis 1861 ; B) celles qui n'ont été l'objet d'aucun partage général depuis 1893 et C) celles qui ont été l'objet d'un partage général depuis cette année. Sur les terres communales de la première catégorie, la propriété collective est abolie et les détenteurs de la terre communale sont considérés désormais comme propriétaires des lots, sur lesquels s'exerçait leur droit d'usage au moment de la promulgation de la loi. En ce qui concerne les terres de la seconde catégorie, celles qui n'ont été l'objet d'aucun partage depuis 1893, le législateur ne les enlève pas à la commune ; mais il dispose que tout détenteur de ces biens aura le droit d'adresser une requête à la commune afin de faire convertir son droit de possession en droit de propriété. Enfin pour les terres de la troisième catégorie, celles qui ont été partagées, le législateur accorde également à tout détenteur le pouvoir d'exiger la conversion en droit de propriété de son droit d'usage. Mais il exige en même temps que dans ce cas le lot attribué au réclamant soit augmenté ou diminué, selon les changements qui se sont produits depuis le dernier partage général, quant au nombre des membres faisant partie de son ménage. Ainsi le chef de famille d'un feu comptant, au moment de la promulgation de la loi, six membres de sexe masculin, alors qu'au moment du dernier partage général il en comptait huit, se verra adjuger non huit parts, mais six seulement, les deux autres retourneront à la commune. Tel est le principe qu'on devra suivre. Toutefois le législateur, soucieux de respecter le travail qui a pu être effectué par le détenteur d'un lot, dispose que ce dernier restera tout entier dans sa possession dans le cas où il voudra acheter à la commune les parts auxquelles il n'a plus droit au moment où il adresse sa requête ; cet achat s'effectuera dans des conditions particulièrement favorables pour l'acheteur, puisque la terre sera vendue non au prix de sa valeur actuelle, mais au prix qu'elle avait eu au moment du rachat en 1861, lors de l'émancipation des serfs.

L'édit de 1906 a prévu également le cas où toute

une commune voudra passer de la propriété collective à la propriété individuelle. Il dispose que ce passage devra avoir lieu s'il est réclamé au sein de la commune par une majorité des deux tiers de tous les chefs de famille.

L'édit abolit le système de la co-possession du sol exercée par tous les membres d'un seul et même foyer, et déclare que tout ce qui sera acquis d'une manière quelconque par un feu, appartiendra dorénavant au seul chef de famille ; les autres membres ne pourront avoir sur ces acquêts d'autre droit que celui de succession.

La commune rurale possède, ainsi que je l'ai fait connaître, en dehors des terres arables, soumises au partage périodique, des pâturages communs, des forêts, des landes, des terres vaines et vagues. L'édit déclare que la commune ne pourra jamais priver de la part à laquelle ils ont droit ceux de ses membres qui auront passé du système de l'indivision à celui de la propriété individuelle. Dans le cas où les deux tiers des chefs de famille réclameront le partage définitif de ces terres indivises ou communaux, ceux de ses membres qui auraient déjà effectué la transformation de leurs lots en propriété individuelle, devront comme ceux qui sont demeurés dans l'indivision, recevoir des lots dans les terres soumises au partage définitif.

Passons maintenant aux II) *Mesures destinées à combattre le morcellement de la terre.*

Dans le but d'empêcher autant que possible les communes qui resteraient dans l'indivision de procéder à l'avenir à de nouveaux partages périodiques, l'édit de 1906 accorde à tout membre d'une commune rurale le pouvoir de réclamer, au moment du partage, la conversion de son droit d'usage et de possession en droit de propriété.

Dans tous les cas où la commune procède à un nouveau partage, elle est obligée de réunir en un seul faisceau les parcelles de ceux de ses membres qui ont réclamé le passage à la propriété individuelle.

En cas de dissolution de plein droit de la commune rurale, c'est-à-dire de son passage en bloc au régime de la propriété individuelle, le domaine communal tout entier devra être partagé en lots d'un seul tenant et non en parcelles de lots, disséminées dans les champs de la commune.

Chaque membre d'une commune, qui a sollicité le passage à la propriété individuelle, possèdera à l'avenir le droit de demander que les parcelles éparses, qui constituent sa part dans le domaine communal, soient converties en un lot d'un seul tenant.

La commune est obligée de répondre, dans le délai d'un mois, à toute demande de partage.

Telles sont les principales dispositions de l'édit du 9 novembre 1906. Il produisit, ainsi que nous le verrons dans la suite, un vrai bouleversement dans le régime agraire de nos paysans. Ce fait a été plus ou moins prévu par ceux qui combattirent la nouvelle loi au sein de nos assemblées législatives.

Leurs prévisions, malheureusement, commencent à s'accomplir.

Il s'agit de montrer maintenant dans quelle mesure la façon de voir des nobles unifiés fut partagée par nos chambres législatives.

Les débats furent longs et mouvementés tant à la Douma qu'au Conseil de l'Empire. Je fis partie de la commission choisie par le Conseil pour examiner ce projet. C'est au sein de cette commission que les deux opinions en présence, celle des partisans et celle des adversaires du communisme agraire, exposèrent tout au long leurs théories et que le choc des idées fut le plus vif. Je crois utile d'entrer là-dessus dans quelques détails.

La Douma avait ajouté quelques nouveaux articles au projet du gouvernement. Ces articles furent une déclaration de guerre contre le principe de l'indivision. On alla même jusqu'à offrir de considérer comme ayant rompu avec le principe de la possession commune du sol tous les villages qui n'avaient pas fait de nouvelles répartitions de communaux durant les dernières 24 années. La commission élue par le Conseil sut créer au sein de ce dernier un mouvement d'opposition contre une mesure aussi arbitraire. Mes collègues ne voulurent point accepter un principe que notre législation ignore et qui imposerait aux paysans l'obligation de sortir de l'indivision. Jusqu'ici le législateur avait encore accordé aux habitants des villages la liberté du choix. Il s'agissait maintenant de les forcer à suivre une certaine ligne de conduite imposée par la loi. Or, si dans certaines parties de la

Russie, surtout dans les provinces du centre, la commune rurale est en état de dissolution, il n'en est pas de même dans l'Est où elle répond on ne peut mieux aux sentiments et aux désirs de la majorité des gens de campagne. Quant aux habitants de la Sibérie Orientale, la commune rurale avec partages périodiques du sol est pour eux un régime auquel ils sont encore peu propres, car ils pratiquent généralement l'appropriation illimitée du sol par tous ceux qui les premiers l'ont mis en culture. Dans ces régions le système du mir serait un réel progrès. Ce progrès s'accomplit d'ailleurs, on pourrait dire sous nos yeux.

Ceux des membres de la commission qui appartenaient aux partis de l'opposition, étaient décidés à combattre les décisions prises par la Douma. Ils prétendirent et non sans raison que la représentation nationale entrait dans une voie fâcheuse en voulant forcer les communes rurales à procéder elles-mêmes à leur dissolution. Ces communes ont existé pendant des siècles. Elles ont rendu des services inappréciables, en sauvegardant la Russie du fléau du paupérisme. Il est inadmissible, disaient-ils, que les paysans soient amenés par la loi à porter le coup de grâce à une institution qui a eu un si long passé : une attitude pareille devrait être condamnée indépendamment du but qu'elle poursuit. D'ailleurs le résultat d'une politique agraire, franchement hostile à la commune rurale, est facile à prévoir : elle aura pour résultat de déposséder un grand nombre de gens de campagne. Déjà à l'heure actuelle le travail manque à un grand nombre de bras. En dehors de l'agriculture le paysan trouve difficilement les moyens d'assurer son existence. En cas de dissolution forcée des communes rurales, nous aurons à combattre sur une bien plus grande échelle le même mal. Le nombre des sans travail augmentera dans une proportion inouïe. La mendicité deviendra pour bien des personnes le seul moyen d'assurer leur existence et quelle existence !

Les membres de l'opposition déclaraient fausse la conclusion que leurs adversaires tiraient du fait que certaines communes n'avaient point eu de partages périodiques. Elles n'ont pas pour cela renoncé, disaient-ils, au principe de l'égalité qui peut être atteint, ainsi que nous l'avons vu, par d'autres procédés. Rien n'empêche de diminuer la quote-part des impôts prélevée sur des feux, ou ménages, dont le nombre des membres s'est accru ou encore de retirer certaines parcelles aux familles devenues peu nombreuses. Aussi longtemps que les communes maintiennent le principe de l'égalité de jouissance, il est difficile de leur prêter le désir de procéder à un partage définitif du sol.

Les adversaires du communisme agraire au sein de la commission ne niaient pas que dans le cas où les membres de la commune auraient le droit de sortir de l'indivision, un certain nombre de paysans finiraient par se détacher entièrement du sol. Mais au lieu d'y voir un mal, ils prétendaient qu'un pareil résultat ne pourrait qu'être utile à l'agriculture ; la terre restera à ceux qui sauraient lui faire produire davantage, alors que les dépossédés emploieraient leurs bras, à cultiver les terres d'autrui.

A l'ouverture des débats dans la séance plénière du Conseil de l'Empire, les antagonistes du communisme agraire ne se contentèrent pas de le combattre par des considérations d'ordre économique.

Le président du Conseil des ministres déclara que ce qui l'avait porté à présenter son projet, c'est le désir de combattre la révolution. L'agitation révolutionnaire, lisons-nous dans son discours, secondée qu'elle est par nos défaites en Asie, a pris racine dans le peuple aussitôt qu'elle s'est rencontrée avec un autre mouvement d'un ordre purement social. Ce mouvement est bien plus dangereux, car il correspond à la soif inaltérable de nos paysans, de posséder à eux seuls toutes les terres. Il va de soi que le seul moyen de combat qui nous reste, c'est de détruire le foyer même de pareilles idées et de pareils désirs. Il n'est autre que de permettre au paysan de rompre avec son état de pauvreté chronique qu'il doit à l'existence du mir.

C'est à un point de vue social qu'il faut se placer pour apprécier exactement les effets heureux que pourra avoir la loi que nous vous proposons. Autrement dit, les idées communistes ont gagné nos campagnes ; pour les détruire attaquons-nous à leur source qui n'est autre que la commune rurale, foyer de misère, d'ignorance et cause première du fâcheux état dans lequel se trouve l'agriculture.

Le professeur Manouilof, répondant au ministre, s'est cru autorisé à dire : Nul ne doute que la nouvelle loi est dirigée contre la commune rurale, qu'elle part de cette idée préconçue que le communisme agraire est un mal et qu'il faut y mettre fin le plus tôt possible.

Nous avons besoin de cette loi, déclara M. Bechteief, un des membres de l'Assemblée des nobles unifiés, pour implanter parmi le peuple le principe de la propriété.

Il serait d'ailleurs injuste, ajouta-t-il, de faire retomber sur la commune rurale la responsabilité des crimes agraires, dont nous avons été les victimes tout récemment. Il y a des siècles que la commune rurale existe sans que nous ayons eu à nous plaindre d'elle comme de la source d'où découlent les émeutes populaires.

De mon côté je crus utile d'insister sur ce fait que la dissolution de la commune rurale aura nécessairement pour conséquence d'augmenter le nombre des prolétaires. Il est difficile de prévoir qu'ils puissent aisément trouver l'emploi de leur activité dans l'industrie. Pour que cette dernière fasse des progrès rapides, il ne suffit pas d'élever les droits d'entrée sur les marchandises étrangères. Il faut encore que les nôtres trouvent de nouveaux débouchés. Or, il n'est pas à prévoir que ce soit là un but facile à atteindre pour un pays aussi franchement protectionniste que l'est la Russie moderne. Par conséquent, il est à prévoir que, la terre passant aux mains du tiers état rural, et le paysan ne trouvant point d'emploi dans les usines et les fabriques, le trop-plein de nos campagnes sera déversé dans les villes et ira grossir le nombre des sans-travail, c'est-à-dire de ceux qui peuvent menacer l'ordre et la tranquillité publiques.

On me répondit qu'il n'y avait pas de mal à voir passer la terre aux membres du tiers état rural. Ils sauraient la cultiver mieux que par le passé. Ces enrichis formeraient à eux seuls le marché intérieur, bien plus important pour le progrès de nos manufactures que tous les débouchés extérieurs dont nous aurions la chance de nous emparer en Asie.

Une fois que la terre sera mieux cultivée, les prolétaires des campagnes pourront être employés comme manœuvres par les enrichis.

De plus en plus on revenait au principe, cher aux membres des assemblées nobiliaires ; on prêchait la guerre au communisme agraire. « Je ne puis insister avec assez de fermeté, déclarait un des leaders du parti ministériel, M. Krassovsky, sur le danger que présente le principe, sur lequel est fondée la commune rurale, j'entends le principe de l'égalité des lots. Ce principe est en corrélation directe avec la façon de voir de nos paysans, façon de voir que le gouvernement eut à combattre tout récemment. Leur point de vue consiste à envisager la terre comme n'appartenant à personne, comme étant un don que le ciel fait à tous ceux qui sont désireux de la cultiver. Or, comme le paysan se croit seul appelé au travail des champs, c'est à lui que doit revenir la terre ! Aussi, prétend-il en avoir à sa suffisance. Il voudrait être à même d'échanger pour des terres encore fertiles celles qui sont devenues moins aptes à l'agriculture, par suite du mauvais usage qu'il en a fait. Entre le principe de l'égalité de jouissance et celui cher aux socialistes : « à chacun selon ses besoins », la distance n'est pas grande. Celui qui se croit en droit de dire à son voisin : « applique-toi à enrichir ton champ en y amenant des engrais, en lui faisant produire le double et le triple ; un temps viendra où ton champ sera le mien grâce à la coutume de la répartition périodique des lots », celui qui ne recule pas devant une telle façon d'entendre l'égalité, est naturellement tout porté à accepter les théories subversives du socialisme. Nous avons eu tort de considérer comme inattendue l'attitude que les paysans ont prise naguère à notre égard. Privé de toute propriété individuelle, l'agriculteur russe a été préparé à accepter ces idées dissolvantes pour tout ordre social par le régime communiste de nos campagnes.

Il serait inutile et fastidieux de continuer les citations. Les orateurs ont fini par se répéter, insistant constamment sur la même thèse : mettons un terme à l'indivision du sol des campagnes, car elle devient une menace pour le maintien ultérieur de nos propriétés. Faisons disparaître la commune rurale avant qu'elle ne nous engloutisse dans son sein. C'est le même refrain qui revient dans les discours des « nobles unifiés ». Ce n'est pas en vain que l'un d'eux M. Pavlov exprimait le désir de constituer une ligue de propriétaires fonciers, sans distinction d'ordres. Il espérait la lancer contre les partisans du communisme agraire, tant contre les membres des communes rurales, que contre les adeptes de théories sociales, venant, disait-il, de France, d'Allemagne et d'Amérique.

On était loin de se rendre compte de ce fait que Karl Marx et la social-démocratie qui s'inspire de ses idées sont loin d'être favorables au maintien de la commune agraire, qui, certes, se présente comme un obstacle à la prolétarisation rapide des masses populaires. Or, la lutte des classes que préconise cette école comme le moyen le plus sûr de s'emparer de l'outillage capitaliste et des propriétés terriennes, ne pourra tourner au profit du prolétariat qu'à condition que le nombre soit de son côté. A ce point de vue on ne doit qu'encourager le processus de dissolution, dans lequel sont entrées les communes agricoles, cette survivance du Moyen Age, c'est-à-dire d'un régime suranné et qui ne correspond nullement aux exigences d'une population infiniment plus dense et d'un aménagement des terres plus en rapport avec la technique moderne.

Il est curieux de constater que ces idées ne se sont emparées jusqu'ici que d'un petit nombre de nos socialistes, et que la majeure partie de ceux qui siègent à l'extrême gauche de la Douma défendent ainsi que les autres membres de l'opposition les intérêts de la commune rurale.

Demandons-nous maintenant quels furent les résultats atteints par l'application de la nouvelle loi agraire. Avons-nous le droit de dire que les craintes qu'elle nous inspirait, quant au sort qu'elle devait faire à la commune rurale, se sont amplement justifiées et que nous devons nous attendre dans un avenir qui n'est pas trop lointain à l'apparition en Russie d'un prolétariat agraire tout aussi menaçant que celui qui existe dans plus d'un pays de l'Occident européen, à commencer par l'Angleterre ?

Je répondrai à cette question dans ma prochaine conférence en faisant passer devant vos yeux certains chiffres.

QUATRIÈME LEÇON

APPLICATION DE LA NOUVELLE LOI AGRAIRE. — LE SORT DE LA FAMILLE PAYSANNE INDIVISE.

Je compte vous entretenir aujourd'hui des résultats atteints par l'application de la nouvelle loi agraire.

Mais avant tout permettez-moi d'appeler votre attention sur ce fait, que cette réforme de la plus haute importance pour l'avenir du pays a été introduite dans notre milieu non sous forme de loi, mais par un simple décret. Et pourtant le fameux manifeste du 17 octobre 1906 nous avait fait espérer que, désormais, la loi ne serait que le résultat d'un vote préalable des deux Chambres, vote accepté par l'Empereur. Vous me demanderez comment ce procédé anormal a pu être adopté ?

On trouve dans le texte de nos nouvelles lois organiques un article (l'article 87) qui déclare que, dans l'intervalle entre deux Doumas, dans le cas d'une nécessité urgente qui n'admet point de délai, des mesures d'un caractère obligatoire peuvent être édictées par le gouvernement sur la demande expresse du tzar. Le cabinet de M. Stolypine trouva moyen de faire entendre à Sa Majesté que cet article l'autorisait de plein droit à changer de fond en comble tout notre régime agraire par mesure administrative. Pendant des siècles on n'avait pas cru que la dissolution du mir fût une nécessité urgente et qu'on mît en péril l'existence même de l'Etat en reculant de quelques mois cette dissolution. Le 6 décembre on fut d'avis contraire; on pensa que le bien public nous forçait à procéder immédiatement à la plus radicale de toutes les réformes, qu'il n'y avait plus un moment à perdre, et qu'on était en face d'un cas d'ordre tout à fait exceptionnel et n'admettant aucun délai. *Salus populi suprema lex esto!* L'article 87 demande que les mesures prises d'urgence par simple décret soient soumises à l'approbation des Chambres dans le délai d'un certain nombre de mois. Si d'accord avec cet article la seconde Douma issue d'élections analogues à celles de la première, avait été appelée à donner son acquiescement à l'édit du 9 novembre, cet acte n'aurait certes jamais été élevé au rang de loi. Mais cette Douma fut dissoute avant le terme et la troisième ne représentait plus que des propriétaires fonciers, en majeure partie nobles, c'est-à-dire ceux-là mêmes qui furent les premiers à demander au trône la dissolution de la commune agricole. Aussi ne marchandèrent-ils point leur appui au ministre qui s'était chargé de combler leurs vœux.

A quoi ont abouti, nous demanderons-nous, les travaux entrepris par les commissions instituées dans les diverses provinces de la Russie d'Europe, pour la délimitation des terres paysannes ?

Les résultats atteints sont considérables ; la commune rurale est fortement ébranlée, et plusieurs millions de propriétaires ont surgi comme par enchantement, à la place jadis occupée par les communes rurales et les familles indivises de nos agriculteurs.

Parmi ces nouveaux propriétaires il s'agit de distinguer plusieurs catégories. Il faut parler d'abord de communes rurales qui, sans avoir manifesté leur désir de procéder au partage définitif du sol, ont été déclarées dissoutes. Nous avons vu que d'après le décret-loi du 9 novembre tel devait être le sort de toutes celles qui depuis l'année 1861 n'avaient point procédé à la redistribution des lots à certaines périodes fixes.

La loi de 1893 avait stipulé que les partages périodiques du sol de la commune ne devaient pas se faire avant le terme de 12 ans ; car le législateur avait constaté, non sans raison, qu'une redistribution fréquente des lots était funeste aux intérêts de l'agriculture. Le paysan, cela va sans dire, ne se sent pas porté à améliorer l'état de son lot dans le cas où sa possession n'est que précaire. Lorsqu'il doit s'attendre à voir passer ce lot en d'autres mains, il préfère ne point faire de dépenses pour l'achat d'engrais ou pour l'introduction de prairies artificielles. L'égalité que poursuit le partage périodique peut d'ailleurs être atteinte, ainsi que nous l'avons vu, d'une autre façon : par le réajustement partiel des lots. On augmente ceux des familles, qui comptent de nouveaux membres adultes, aux dépens de celles qui déplorent quelques pertes occasionnées par la mort ou un simple changement de domicile.

En ayant recours à de pareilles mesures, certaines communes ont pu échapper à la nécessité de faire une nouvelle répartition de lots. Ce sont justement ces communes que frappe le décret du 9 novembre. Il veut que l'absence d'un partage périodique du sol soit considérée comme une preuve de la non-existence du régime communiste.

Trois millions cinq cent mille personnes se sont trouvées dans ce cas. On les a considérées comme ayant tacitement passé au nombre des propriétaires individuels, et on leur a reconnu le droit de posséder en pleine propriété les lots dont elles avaient l'usufruit.

En dehors de ces 3 millions et demi, il faut compter 1 million et demi de villageois-communistes qui ont demandé à sortir de l'indivision et dont le vœu a été exaucé. Il faut constater que les commissions instituées sur les lieux pour la délimitation des terres n'arrivent pas à satisfaire à toutes les demandes qui leur sont faites. De là un écart considérable entre le chiffre de ceux qui ont présenté leurs demandes, et ceux qui peuvent se considérer comme étant devenus les propriétaires de leurs lots.

			ménages
Chiffres des demandes,		1907	221.679
»	»	1908	385.810
»	»	1909	711.553
»	»	1910	651.011
»	»	1911	683.149
»	»	1912	1.226.225
Total en janvier 1913			3.859.702

Chiffres des demandes exaucées en tout ou parti, 1907 à 1913	1.503.432
	dessiatines
Superficie de terrain	13.536.430

M. Kofod, un des principaux agents du gouvernement, en ce qui concerne l'application sur les lieux de la nouvelle réforme agraire, dans un travail qui vient de paraître, nous donne les chiffres suivants quant au nombre total des petits propriétaires fonciers créés par la nouvelle loi.

On comptait 1.574.000 dessiatines rachetées par les paysans communistes avant 1905. Elles constituent le patrimoine de 140.000 ménages. A ce chiffre il faut ajouter 12.770.739 dessiatines qui, depuis le 9 novembre et jusqu'au 1er mai 1913, ont été reconnues propriété individuelle de 1.787.328 chefs de famille ; ces terres avaient appartenu à des communes qui ont demandé le partage définitif du sol.

Le nombre des petits propriétaires s'est accru également à la suite de ce que 194.405 ménages ont demandé à ne plus faire partie de communes rurales, 1.135.906 dessiatines ont passé de la sorte à l'état de propriétés individuelles.

Enfin 4.380 communes n'ayant pas fait le partage de leur sol depuis 1861 ont été reconnues dissoutes et leurs terres, au nombre de 782.623 dessiatines, sont devenues des propriétés individuelles de 194.045 ménages paysans.

Nous arrivons ainsi au chiffre global de 17.050.596 dessiatines devenues propriétés individuelles.

M. Stolypine dans l'ardeur des débats avait déclaré que dans une vingtaine d'années on finirait par ne plus parler du « mir » et du communisme agraire.

Le caractère de cataclysme que prend le mouvement de dissolution de la commune rurale suggère l'idée que nous sommes en face d'un processus plutôt artificiel que naturel.

Si durant 45 ans (depuis 1861 jusqu'en 1906) 140.000 ménages ont été les seuls à procéder au partage définitif du sol, on a lieu de se demander comment il se fait, que dans l'espace de 7 années, leur chiffre a pu s'élever à plusieurs millions.

Nous en avons l'explication d'abord dans le fait que 3.500.000 personnes ont été arbitrairement reconnues propriétaires individuels. Ce sont tous les membres des communes, qui n'ont pas fait de partages périodiques depuis 1861. Or cela diminue déjà d'une façon considérable l'importance de ce mouvement vers l'individualisme qu'on prétend être spontané.

Mais pour donner une explication même approximative du fait que plusieurs millions de paysans ont, dans une période de sept années, témoigné du désir de devenir propriétaires privés, il faut envisager un certain nombre de questions qui plus ou moins directement se rattachent aux conditions d'existence et aux aspirations de nos classes rurales.

Depuis longtemps le paysan russe se sent à l'étroit dans les limites de son lot qui nécessairement diminue de plus en plus avec l'accroissement du nombre des habitants. Nous en trouvons la confirmation dans le fait, que la majeure partie des terres de la noblesse et du tiers état sont affermées à des communes rurales ou, le plus souvent, à des sociétés de paysans qui se sont constituées dans ce but. Le fermage individuel est relativement peu fréquent. Le propriétaire foncier gère quelquefois son bien en personne ou à l'aide d'un intendant; mais il est rare que même dans ce cas certains terrains plus ou moins éloignés du centre de l'exploitation ne soient pas cédés pour un certain nombre d'années à un groupe de ménages voisins pour un prix annuel déterminé. Souvent aussi on afferme les terres à condition que le paysan donnera au propriétaire foncier la moitié de la récolte annuelle; il devra en plus la faire entrer à ses propres frais dans les granges du propriétaire. Ce que les Français du XVIIIe siècle appelaient du nom de « champart » et que les italiens connaissent encore de nos jours sous celui de « mezzeria », est un système fort répandu chez nous. Il est assez peu avantageux pour le fermier car, en dehors de la moitié de la récolte qu'il livre au propriétaire du sol, le paysan s'engage encore à lui fournir les semences. Il n'est pas admis en même temps au pacage de ses bestiaux et à l'affouage dans la forêt, droits reconnus jadis aux serfs du Moyen Age.

Au fur et à mesure que la population s'accroît, s'élèvent aussi les prix des fermages. Dans certaines régions ces prix ont tellement monté, que les paysans trouvent préférable de se dessaisir de leurs lots et cherchent à s'établir à demeure dans quelque autre endroit.

De là cet exode rural non seulement vers les

villes, mais aussi vers des régions plus ou moins éloignées, où le sol est encore à bon marché et où les ménages qui émigrent espèrent l'avoir pour peu d'argent, ou même pour rien grâce aux allotissements faits par la couronne. Cette dernière cherche à attirer de nouveaux colons dans les provinces situées dans le voisinage de la frontière de l'Est, du côté de la Chine ainsi que dans le reste de la Sibérie, où la densité de la population est encore minime.

L'exode rural vers les centres de l'industrie et du commerce, ainsi que vers des régions peu peuplées, trouvait récemment encore une limite artificielle dans l'impossibilité pour le paysan communiste de sortir de l'indivision autrement que par l'abandon de son lot. Cet empêchement n'existe plus depuis la nouvelle loi agraire ; aussi voyons-nous qu'un chiffre assez considérable de personnes, après avoir fait de leurs lots des biens individuels, s'en dessaisissent, en les vendant à des voisins.

La nouvelle loi agraire défend l'accumulation de plus de 6 lots dans les mêmes mains, et cela dans les limites d'un seul arrondissement. C'est là une mesure de sauvegarde pour la petite propriété. La loi s'oppose également à ce que la terre paysanne passe à des individus appartenant au tiers état ou à la noblesse. Dans ce but on n'admet aux enchères des biens paysans saisis pour dettes, que des personnes appartenant au même ordre social, du moins autant qu'il s'agit des premières enchères.

Toutes ces restrictions n'ont pas empêché que le paysan pauvre, une fois devenu propriétaire de son lot, ne tâche de s'en défaire au plus tôt pour payer ses dettes et accumuler l'argent nécessaire pour entreprendre avec sa famille un voyage souvent lointain qui lui permettra de s'établir d'une façon définitive, tantôt comme ouvrier à côté de telle ou telle usine ou fabrique, tantôt comme colon dans l'Oural ou en Sibérie, le plus souvent dans ses provinces occidentales, plus rarement le long de l'Amour et de l'Oussouri. Ici des raisons de caractère politique, la crainte de voir ces terrains tomber entre les mains de colons chinois, font que le gouvernement russe favorise l'établissement de familles paysannes, venues de la Russie d'Europe.

Pour confirmer par quelques exemples mon opinion quant au rapport étroit qui existe entre le désir de certains ménages paysans de sortir de l'indivision, et l'abandon voulu par ces mêmes familles de leur ancien domicile, je citerai quelques chiffres, récemment publiés par notre presse officielle. Dans le gouvernement de Vitebsk 24.000 ménages ont passé de l'état de propriétaires communistes à celui de propriétaires individuels, de 1907 au 1er janvier 1912. De ce nombre 3.899, c'est-à-dire un peu moins d'un sixième, ont immédiatement vendu leurs lots. Parmi ces 3.899 ménages on en compte 632 qui n'ont aliéné qu'une partie de leurs biens. Des 3.226 restants et qui se sont dessaisis entièrement de tout bien immobilier, 1.796 ont transféré leur domicile en Sibérie, 626 ont acheté de nouveaux terrains à la couronne ou à des particuliers, et 110 ont cherché d'autres moyens d'existence que le travail agricole.

On compte 344 ménages qui ont dû procéder à la vente de leurs biens pour des motifs tels que l'ivrognerie ou le gaspillage, ou encore pour cause de dettes.

Autre exemple. Dans le gouvernement de Perm pendant le même espace de temps, c'est-à-dire du 1er janvier 1907 au 1er janvier 1912, 18.901 ménages sont sortis de l'indivision. Sur ce chiffre 3.425 ont vendu leurs anciens lots, en tout ou en partie seulement. De ce nombre 1.611, c'est-à-dire la moitié, ont abandonné le travail agricole et ont trouvé un autre gagne-pain. Quant à l'autre moitié, elle a pris la route de la Sibérie dans le but de s'y établir, 62 ont passé à d'autres métiers, 66 ont acheté des terres au dehors; le reste a dû vendre ses propriétés immobilières à la suite de dettes antérieurement contractées par suite d'un excès de boisson, du gaspillage, ou de l'impossibilité d'aménager leurs terres pour cause de maladie ou de vieillesse. Un certain nombre a trouvé la vie trop monotone dans les conditions d'isolement où ils se sont placés après l'abandon de leur village et le transport de leur domicile au centre de leur nouvelle activité.

Dans le gouvernement de Stavropol, situé au Nord de la grande chaîne des montagnes du Caucase, le chiffre des ménages ayant vendu leurs lots après leur sortie de l'indivision, dépasse la moitié. Sur 27.276 ménages, 14.282 se sont dessaisis de leurs terres en tout ou en partie, 5.532 ont abandonné tout travail agricole ; 1.387 ménages, la vente une fois effectuée, ont transporté leur domicile dans d'autres régions, 379 ont trouvé d'autres moyens de gagner leur vie, 519 ont acheté de nouveaux biens au dehors, 2.600 se sont trouvés dans la nécessité de vendre tout leur avoir pour liquider leurs dettes, 628 ont gaspillé en boissons le produit de leurs ventes ; la conduite des autres s'explique par leur état de vieillesse ou de maladie, d'un certain nombre par le désir d'améliorer l'état des biens qu'ils ont gardés dans la commune ou qu'ils ont acquis au dehors (1).

Les exemples que je viens de donner nous permettent de juger le rôle qu'a joué l'émigration intérieure. Elle a été un palliatif aux maux que la nouvelle loi agraire apporte à sa suite, surtout en ce qui concerne la partie la plus pauvre de notre population rurale.

Sans l'émigration intérieure le prolétariat agraire, non seulement serait une menace pour l'avenir, mais serait déjà le fléau du moment présent.

Mais avons-nous lieu d'espérer qu'il en sera longtemps ainsi, c'est-à-dire que l'émigration intérieure nous préservera du prolétariat ? M. Oganovsky, un des écrivains les mieux renseignés sur cette question, émet des doutes à ce sujet. Il prétend que la population de la Sibérie s'est accrue rien que dans l'espace des huit dernières années, à partir de 1906, de quatre millions de personnes. Ces quatre millions se composent en majeure partie des émigrés venus de la Russie d'Europe. Les trois quarts de ces nouveaux venus se sont fixés en Sibérie, dans les provinces de

(1) Consultez le journal *Rossia*, année 1913, n° 2385, du 11-23 juillet 1913.

l'ouest et dans les steppes qui avoisinent les confins de la Russie d'Europe vers l'Orient. Nous les voyons fixer leur domicile dans les régions de Tomsk et d'Akmolinsk. Quant aux autres parties de la Sibérie occidentale 800.000 personnes à peine y ont établi leur domicile. Trois millions d'émigrés ont occupé presque toutes les terres dont la couronne pouvait disposer. Il ne reste plus dans cette région que des forêts au Nord et les montagnes de l'Atlas à l'Est. Ce fait est reconnu par les fonctionnaires du gouvernement, par ceux qui ont été chargés de l'installation des nouveaux colons (1).

Quant à aller plus à l'Est, bien peu de colons en ont le courage ou les moyens. Les émigrés ne choisissent pas volontiers non plus les régions forestières, car ces régions demandent beaucoup trop d'efforts pour être mises en culture. Aussi la moitié presque des lots que le gouvernement offre à ceux qui voudraient transporter leur domicile dans la région forestière de Tobolsk restent-ils inoccupés.

Quant à la région des steppes, les Kirghises à moitié nomades, les occupent avec leurs troupeaux. Le gouvernement russe a gardé, il est vrai, le droit de disposer des terres dont ils n'ont que faire. Mais comment établir que telle ou telle superficie de terrain présente un « surplus » (islischek) dont les Kirghises peuvent se passer au besoin ?

Dans ces conditions il est à prévoir que le flot des émigrés en Sibérie se ralentira. Or, ceci aura pour con-

(1) *Messager de l'Europe*, article de M. OGANOVSKY. Note sur la question agraire en 1913, mois de novembre, p. 283.

séquence l'accroissement du nombre de prolétaires ruraux. Ce résultat sera atteint également par le fait que tous les ans s'accroît le nombre de ceux qui vendent leurs anciens lots, au moment même où ces lots leur ont été adjugés à titre de propriété par les commissions agraires chargées de partager les communaux ou quelque temps après. En l'année 1912 le nombre de personnes agissant de la sorte a atteint le chiffre prodigieux de 196.000 individus (1).

Ainsi commencent à se réaliser les prophéties de ceux qui, lors de la présentation de la loi agraire dans nos chambres législatives, émettaient des craintes à son sujet. Le prolétariat agraire est en croissance et la question des sans-travail dans un demi-siècle d'ici, sinon plus tôt, deviendra en Russie une question tout aussi brûlante qu'elle l'est devenue en Occident.

Le décret-loi du 9 novembre s'attaque aux assises historiques du peuple russe par le fait qu'il dissoud non seulement la commune rurale, mais encore en ayant l'air d'ignorer l'existence de la famille-groupe. Le principe de l'indivision une fois aboli, les anciens lots paysans deviennent de par la loi propriété privée et non bien familial indivisible. Mais du fait que la loi ne mentionne point le ménage commun de proches parents vivant au même pot et sous le même toit, il ne s'ensuit guère que la famille-groupe n'a pas été et ne reste encore une des institutions les plus répandues dans le monde. Nous la trouvons à

(1) *Gazette Russe*, 1913, n° 283. Les résultats atteints par la nouvelle loi agraire et les moyens de les combattre, par N. Oganovsky.

diverses époques chez tous les peuples d'origine slave; plus d'un de ces peuples et dans leur nombre les paysans de quelques-unes de nos provinces, lui sont resté fidèles. La famille-groupe est encore une institution vivante parmi les Monténégrins : sous le nom de « zadrouga » elle s'est maintenue en Serbie pendant la première moitié du siècle passé. Quant aux Slaves occidentaux, nous la retrouvons dans un passé d'ailleurs lointain tant chez les Tchèques que chez les Polonais. Un savant serbe, bien connu à Paris, y ayant résidé un grand nombre d'années, M. Bogisic, correspondant de l'Institut de France, professeur à Odessa et plus tard ministre de la justice au Monténégro, a fait connaître l'existence de cette famille-groupe au Monténégro, en Serbie, en Croatie et en Dalmatie.

Une enquête, entreprise sur l'ordre du gouvernement par une commission présidée par le sénateur Luboshansky, a recueilli il y a de cela une trentaine d'années un grand nombre de décisions rendues par des cours paysannes. Dans ces procès jugés par les tribunaux villageois, il a souvent été question de familles indivises vivant au même pot. Leurs acquêts vont à tous les membres de la communauté et leurs ventes ne se font que sous la condition d'une entente préalable entre tous les membres. C'est surtout dans les provinces de l'Ouest, dans celle de Vilna entre autres, que ces communautés de parents sont fort fréquentes.

Le représentant du conseil général de cette province au Conseil d'État, M. Korvin Milevsky, nous a entretenu plus d'une fois tant au sein d'une commission choisie par la Haute Assemblée, qu'en séance plénière du Conseil, de faits tels que les suivants : des paysans, partis de cette région pour chercher du travail en Amérique après quelques années d'exil volontaire, envoyaient à leurs familles en Russie une partie de leurs épargnes, en recommandant à ceux qui étaient restés au foyer commun, d'employer l'argent qu'ils venaient de recevoir à des achats de terres voisines. Ces acquêts devaient enrichir tous ceux qui vivent au même pot.

A leur retour les ci-devant émigrés rentraient au foyer et commençaient à gérer en commun avec leurs frères et neveux le bien familial, y compris les immeubles achetés avec l'argent qu'ils avaient envoyé d'Amérique.

Ainsi la famille-groupe est au nombre de ces institutions qui ont un passé de plusieurs siècles et qui se retrouvent parmi tous les peuples d'origine slave.

Il s'agit maintenant d'étudier plus en détail l'organisation intérieure de cette famille, telle qu'elle s'est maintenue en Russie et tout particulièrement dans nos provinces de l'Ouest.

C'est le doyen d'âge qui gère la fortune commune, qui distribue les travaux entre les membres adultes, perçoit les revenus, signe les contrats, représente la famille devant les cours de justice et les autorités administratives. Ce n'est qu'en cas d'incapacité reconnue, occasionnée par la maladie ou le grand âge, ou encore par une vie de licence et de débauche, que l'ancien est remplacé, parfois même de son propre consentement, par un plus jeune membre de la famille-groupe. Le plus souvent c'est le frère ou le fils aîné de cet « ancien » qui est appelé à prendre sa place. En ce cas, le pouvoir ne passe pas dans son intégrité aux mains du nouveau chef; en perdant la gérance de la fortune commune, le plus âgé garde néanmoins les droits naturels du père et, parmi tant d'autres, le pouvoir de châtier le fils rebelle. Loin d'avoir l'omnipotence du chef de la famille romaine, l'ancien, qu'on désigne fort souvent aussi du nom de « bolschak » (le plus grand), n'est que le premier entre des égaux, *primus inter pares*. Comme tel, il est privé du droit d'aliéner une parcelle quelconque des immeubles appartenant à la famille, sans le consentement de tous les membres adultes de la communauté qu'il dirige. Cet acquiescement n'a de valeur qu'à la condition d'être unanime. La coutume, d'accord en cela avec l'ancien droit russe, n'attribue point à la majorité des voix l'importance que lui reconnaissent les lois politiques modernes.

Mais si le chef de la communauté n'a pas le droit de disposer à son gré de la fortune familiale, dont il n'est que le gardien, et le gérant, aucun non plus de ceux qui sont sous sa tutelle ne peut réclamer la part du bien commun qui lui reviendrait en cas de partage. Du vivant du chef, le partage, quoique demandé par la majorité des membres adultes, ne peut avoir lieu que de son consentement. C'est à lui de décider, si tel ou tel de ses fils, à l'occasion du mariage qu'il contracte, aura sa part du fonds familial, ou sera forcé de vivre comme par le passé dans l'indivision avec les autres membres de la même communauté. C'est à lui aussi de savoir si telle ou telle de ses filles et nièces aura ou n'aura point de dot. Il est d'usage d'en priver celles qui ont contracté leur union sans l'acquiescement de la famille. Mais cet usage ne prive point le chef du droit de faire grâce, de pardonner la faute que sa fille ou sa nièce ont commise, en se mariant contre son gré, et de leur accorder une part des meubles appartenant à la communauté. Quant aux immeubles, ils ne doivent guère sortir des mains de la famille qui en est propriétaire et, pour cette raison, ne figurent presque jamais au nombre des biens dont se compose la dot.

Le chef de la communauté ne dispose pas seulement de la fortune commune, en vendant les produits ou en se procurant par l'échange et l'achat tout ce dont la communauté pourrait avoir besoin ; il a aussi le droit de disposer du travail de ses membres tant adultes que mineurs. C'est à lui de décider, lequel de ses fils ou de ses neveux restera au domicile, prêtera aide et secours dans le travail des champs, et lequel ira chercher du travail en ville ou encore dans ces régions si fertiles et relativement peu peuplées que présentent les provinces méridionales de l'Empire ou la Sibérie. C'est encore lui qui se préoccupe de placer en apprentissage les mineurs, de faire choisir tel ou tel métier à ceux des membres de la famille, dont l'entretien deviendrait une charge pour la communauté. Aussi longtemps que dure l'indivision, tout membre de la famille-groupe est censé contribuer aux dépenses communes ; aussi le gain réalisé au dehors par un de ces petits marchands ambulants connus dans nos provinces sous les noms d'« offeni », de « chodebschiki », de « korobochnik » et de « prasoli », ne leur revient pas en entier. Dans le cas où leur petit commerce se ferait à l'aide de capitaux provenant de la famille, cette dernière a le droit de réclamer une partie des bénéfices.

Le régime d'indivision qui caractérise la communauté familiale n'empêche point l'éclosion — dans son milieu — de germes de propriété privée. Cette propriété peut avoir deux origines distinctes : le travail individuel secondé non par le capital de la famille, mais par un capital venant du dehors, et les donations faites en particulier à tel ou tel membre de la communauté. Prenons pour exemple le cas où le petit commerçant ambulant se serait procuré l'argent nécessaire à son commerce par un emprunt fait à un étranger. Ce cas, certes, n'est guère fréquent, le crédit n'étant que fort peu répandu au sein de nos campagnes. Il est plus que probable que la famille n'aurait qu'une part minime dans les produits d'un tel commerce, et encore ne serait-ce qu'à condition d'entretenir la femme et les enfants du commerçant ambulant et de payer sa quote-part des impôts (1). De même la communauté et son chef n'ont aucune prise sur la dot apportée par la mariée, dot, qui, dans le cas où la femme mourrait sans laisser d'enfant, reviendrait en tout ou en partie à la famille dont elle était sor-

(1) Le butin fait à la guerre est exactement dans le même cas. L'armement et les munitions étant fournis par l'Etat, et non par la famille, cette dernière n'a rien à voir dans les bénéfices accidentels du soldat.

tie. Dans quelques provinces, parmi les Cosaques du Don notamment, on reconnaît aux jeunes filles le droit de se constituer une fortune indépendante en mettant de côté le produit de leur travail manuel (kladka). Il est vrai que les jeunes filles n'ont guère le droit de consacrer à ce travail que les heures de loisir. Les soins apportés à la cuisine, à la couture et au blanchissage, diminuent considérablement ces loisirs, et ce n'est que pendant les longues veillées d'une soirée d'hiver qu'elles trouvent le temps de s'adonner à ces travaux supplémentaires, dont elles recueillent le produit.

Une autre source, d'où jaillit la propriété individuelle pour quelques-uns des membres indivis de la famille-groupe, est la fortune laissée par la mère. Cette fortune, dont la dot apportee par la mère forme la base, est partagée en parties égales tantôt entre tous les enfants sans distinction de sexe, tantôt entre les filles seules à l'exclusion de garçons. Dans les deux cas, elle échappe à la gestion du chef de la communauté, car elle a pour origine non les capitaux engagés par la famille, mais un don provenant du dehors.

Les biens-fonds de la famille, n'appartenant point en propriété à celui qui n'en est que le gérant passager, le chef de la communauté ne peut en disposer par testament ; autrement dit, il n'a pas le droit de léguer sa fortune à un individu qui ne serait pas membre de la communauté.

L'usage établi reconnaît, il est vrai, au chef mourant, le droit de consigner par écrit ou devant témoins, ses dernières volontés quant au partage du bien commun. Mais ces volontés ne sont prises en considération que dans le cas où elles ne seraient point contraires à la coutume. Ce que le testateur a généralement en vue, c'est de faciliter le partage du bien-fonds entre les ayants-droit, en leur traçant les règles qu'ils devront suivre pour ne point enfreindre les prescriptions de la coutume. Il ne pourra pas, par conséquent, déshériter son fils ou accorder à sa fille une part égale à celle qui doit revenir au fils, car ces dispositions ne s'accordent point avec l'ordre de succession établi par la coutume. Il ne pourra pas non plus instituer un légataire universel, ni appeler à la succession quiconque n'appartient point par sa naissance à la famille dont il s'agit de partager les biens. Ceci nous amène à dire que, dans certaines parties de l'Empire, l'adoption n'est point permise à ceux qui ont une famille, Ceux-là même qui n'en ont pas sont censés adopter ceux de leurs collatéraux, qui, en dehors de toute adoption, seraient leurs héritiers naturels. Les chefs de famille, qui ont émancipé leurs fils en accordant à chacun la part qui lui revient, sont assimilés par la coutume aux pères n'ayant point de descendance directe. L'adoption est souvent permise aussi à ceux qui n'ont pour descendants directs que des mineurs. Forcé de se faire seconder dans les travaux agricoles, le chef de la communauté fait souvent appel à l'adoption, et signe avec son fils adoptif un contrat réglant le montant de la rémunération qui l'attend au moment de la mort du père adoptif. Fort souvent le contrat est remplacé par un testament accordant au fils adoptif la moitié de la part qui devrait revenir au fils né du sang. Si la coopération de l'adopté a duré un certain nombre d'années (cinq, dix ans, selon les lieux), les héritiers se croient obligés de respecter la volonté du testateur.

A la place du fils adoptif, nous trouvons souvent aussi le gendre. Dans le cas où un père n'aurait d'autre postérité directe que des filles, la coutume lui accorde le droit de reconnaître au gendre les droits d'un fils. Le gendre vient alors habiter la maison de son beau-père, partage ses travaux et, à sa mort, a la même part de la succession que celle qui devrait échoir au fils, Cela, d'ailleurs, n'a régulièrement lieu que dans le cas d'un contrat préalable signé par les deux parties. Ce contrat est souvent remplacé par un testament précisant lesdroits de succession reconnus au gendre.

L'indivision qui constitue le trait le plus saillant de la communauté familiale paysanne, ne disparaît point avec la mort du père. L'aîné de ses fils, quelquefois son frère, vient occuper la place de chef et de gérant et on continue à vivre en commun, exactement comme du vivant du père. Cette vie au même pot et feu se transmet souvent de génération en génération, sans être entamée par les partages, et c'est ainsi que la famille arrive à contenir dans son sein des trentaines et des cinquantaines d'individus, cas rares d'ailleurs à l'heure actuelle, quoique relevés plus d'une fois par des ethnographes dignes de foi.

Le servage et la responsabilité collective en matière d'impôts ont contribué à maintenir ce régime d'indivision. Le seigneur et les autorités communales, qui ont pris sa place, trouvent un intérêt égal à conserver à chaque « feu » imposable le plus grand nombre possible de travailleurs adultes.

Après l'abolition de la responsabilité collective, les partages devinrent fort fréquents. La famille-groupe, dans certaines parties de la Russie, ne reste plus qu'à l'état de survivance rare. Mais il n'en est pas de même dans les provinces du Nord-Ouest, où la famille-groupe continue à se maintenir de nos jours.

C'est le désir du chez soi, c'est la tendance à l'individualisme qui est la cause de tous les partages, dont les provinces méridionales de l'Empire nous présentent surtout le spectacle. Le même esprit a commencé à se produire dans les gouvernements de la Grande Russie ; pendant les trente dernières années, il a sapé en partie les assises profondes de la communauté familiale.

La famille-groupe n'est pas seulement reconnue par notre droit coutumier. Elle l'a été également par nos cours de justice et le Conseil d'Etat.

Une décision prise par le Sénat dans une affaire de cassation, qui en dernière instance est arrivée jusqu'à lui, déclare que dans les provinces de l'Ouest et notamment dans celle de Vilna, la famille agrandie ou famille-groupe est encore une institution vivante. Quant au Conseil d'Etat qui fut le devancier direct de la Haute Chambre actuelle, il a eu l'occasion d'émettre son avis sur la question qui nous préoccupe dans un arrêt qui porte la signature de l'Empereur. Cet arrêt déclare textellement ce qui suit.

« D'après la législation qui règle les rapports des paysans avec la terre, le lot racheté revient de droit à toute la famille. Il constitue un bien commun à tous ses membres, à tous ceux qui font partie d'un même ménage ou foyer paysan; il n'est point le bien privé de tel ou tel de ses membres (arrêt du Conseil rendu à l'occasion de l'affaire Armalis) ». Pas plus tard qu'en 1897, interrogé sur la question de l'existence ou de la non existence de la famille-groupe, des comités d'experts établis dans nos divers départements ou provinces répondirent dans un sens affirmatif. Sur 28 assemblées de cet ordre 20 n'exprimèrent aucun doute quant au fait que la terre paysanne est le bien de la famille tout entière, de la famille agrandie ou de la famille-groupe, le chef de la communauté n'ayant sur elle d'autre droit que celui qui revient au gérant d'une propriété commune.

Et tout de même le législateur russe moderne n'a voulu tenir aucun compte d'une institution vieille de plusieurs siècles, et dont le maintien présente les mêmes avantages que ceux qui sont assurés par le système américain du « homestead », ou par la nouvelle loi française sur « les biens de familles inaliénables ».

Le législateur russe afin de retenir les terres entre les mains des paysans se contente de défendre l'accumulation des lots dans les mêmes mains. Mais le jour où le paysan devient insolvable vis-à-vis du trésor, on est bien forcé de vendre son bien aux enchères publiques. Si le législateur s'oppose à ce que des personnes d'un autre ordre social que celui des paysans soient admis aux premières enchères, il n'établit aucune différence quant aux secondes. Et il serait vraiment difficile qu'il en fût autrement. Mais s'il en est ainsi, la terre pourra aisément sortir des mains de la classe paysanne.

Si on se demande quelles raisons ont poussé le législateur moderne à faire table rase de la famille agrandie, on trouvera aisément la réponse à cette question dans les déclarations faites par le gouvernement et dans les débats de la Haute Chambre. Les attaques contre la propriété, dont on a vu l'attristant spectacle dans le courant des années 1905 et 1906, ont mis en évidence le manque d'autorité des chefs de famille. Pour la réformer, on veut que désormais ces chefs deviennent les détenteurs des biens dont ils n'ont été jusqu'ici que les gérants. On tient à ce qu'ils puissent en disposer en pleine liberté et déshériter les enfants insoumis.

En somme, c'est encore par crainte du communisme agraire que le législateur russe a porté la main sur une institution qui a eu le mérite de conserver la terre au cultivateur et de préserver la Russie de ce fléau qu'on appelle le prolétariat des campagnes.

CINQUIÈME LEÇON

LA QUESTION OUVRIÈRE

Parmi les Etats de l'Europe qui restent hostiles à la politique du libre échange, la Russie occupe la première place. La doctrine officielle ne se contente pas de proclamer que le système protecteur s'impose chez nous comme une nécessité, parce qu'il sert à encourager les industries à peine naissantes. On insiste encore sur cette considération que le bien matériel des classes ouvrières et non pas seulement celui des patrons exige de la part de nos consommateurs les lourds sacrifices que leur impose un tarif élevé sur les marchandises venant du dehors. Naguère encore le comte Witte est intervenu dans les débats du Conseil de l'Empire sur la question des assurances ouvrières en faisant la déclaration suivante; il a dit textuellement ceci : « Les patrons n'auront pas de peine à supporter les frais occasionnés par le devoir que leur impose la loi de soigner leurs ouvriers malades grâce aux conditions exceptionnellement favorables dans lesquelles se trouve placée l'industrie russe. » Ces conditions sont créées d'une part par des droits très élevés qu'on prélève à l'entrée sur les objets manufacturés qui nous arrivent de l'étranger et d'autre part par le fait qu'un nombre de plus en plus considérable de travailleurs quitte la campagne et vient chercher l'emploi de ses bras dans nos usines et nos fabriques. Non seulement nous n'avons aucune raison de croire que cet exode rural finira par diminuer avec le temps, mais nous avons encore tout lieu de prétendre qu'il ne fera qu'augmenter. Et cela à cause du régime agraire imposé à nos paysans. Ce régime crée des millions de prolétaires, qui sont autant de bras libres à la recherche de quelque emploi. Quoique des prix très élevés sur nos produits manufacturés sont maintenus d'une façon artificielle par notre système douanier, l'industrie indigène ne peut progresser au point d'assurer du travail à tous ceux qui en demandent ; aussi les salaires restent-ils très bas. Il n'existe point dans le monde entier d'autre industrie que la nôtre pour rémunérer si faiblement le travail des ouvriers. Pour juger des avantages dont jouissent dans ce sens les industriels russes, je n'aurais qu'à juxtaposer quelques chiffres indiquant les profits que firent dans les mêmes industries les patrons russes et les patrons étrangers, mais je préfère me limiter à ce simple exposé. En moyenne un ouvrier anglais gagne par an 550 roubles, ce qui équivaut à 1457 fr. 50. Un ouvrier français arrive en moyenne à 540 roubles par an (1431 francs). Un ouvrier allemand n'encaisse par an que 450 roubles (239 francs de moins que l'ouvrier français). L'ouvrier autrichien est forcé de se contenter de 340 roubles. L'ouvrier russe ne touche en moyenne que 250 roubles (1) par an, sensiblement moins de la moitié du gain fait par l'ouvrier anglais, 200 roubles ou 530 francs de moins que l'ouvrier français.

Même en tenant compte d'une productivité plus considérable du travail étranger et de l'habileté plus grande que l'ouvrier occidental apporte à la confection des produits, on est forcé de reconnaître que l'industriel russe retire des avantages très appréciables, en payant si peu les ouvriers qu'il emploie.

On a émis au conseil de l'Empire quelques doutes quant aux conclusions de cet exposé du comte Witte. Un des représentants de l'industrie moscovite a notamment déclaré que certaines industries (telle l'industrie du papier) ne donnent en Russie qu'un et

(1) Les statistiques les plus récentes, recueillie par les inspecteurs de fabrique, donnent, pour l'année 1912, le chiffre de 255 roubles. Les mieux payés sont les ouvriers qui travaillent le fer (les mécaniciens, les constructeurs de machines). Ils gagnent en moyenne 400 roubles par an. Les moins fortunés sont ceux qui préparent les matières alimentaires, ou encore ceux qui travaillent le lin ou le chanvre (180 roubles en moyenne par an). Les régions où le travail est le mieux rémunéré sont : la région de Pétersbourg (323 en moyenne), la région de Varsovie (304), la région de Kharkov (271). La région du Volga (221), celle de Moscou (216), et celle de Kiev (191) se trouvent les plus arriérées quant aux taux des salaires. L'augmentation des salaires est inférieure à celle de l'accroissement du prix des vivres. Elle n'a été en 1912 que de 1 o/o tandis que le prix des vivres s'est élevé du 10 o/o et le prix des marchandises en général de 6,3 o/o (voyez l'article de M. Pagitnov : L'industrie et le marché ouvrier, dans le *Journal Den*, n° du 17 décembre 1913.)

3/4 o/o de revenu net, tandis qu'en Allemagne cette même industrie rapporte presque 5 1/2 o/o. Autre exemple : L'industrie des mines, qui en Allemagne assure un revenu annuel de 8,07 o/o ne donne régulièrement en Russie que 2,02 o/o. Les affaires vraiment avantageuses sont en Russie les opérations de crédit. En 1908 ceux qui y ont pris part, touchèrent des dividendes de 8,29 o/o, alors qu'en Allemagne leurs dividendes n'étaient que de 7,48 o/o; aussi les actions émises par nos sociétés de crédit ont-elles presque toutes passé aux mains de banquiers étrangers ou de détenteurs allemands. L'industrie textile réalise également en Russie de gros bénéfices. Ceux qui ont pris part à cette industrie en 1908 en qualité de patrons ont touché 6,16 o/o, alors qu'en Allemague cette même industrie pendant la même année n'a donné que 3,57 o/o. A ces exceptions près, toutes les autres entreprises sont beaucoup moins avantageuses en Russie qu'au dehors. En moyenne elles ne rapportent que 4,45 o/o, tandis qu'en Allemagne on arrive au chiffre de 7,01 o/o.

Quant à la Pologne c'est la petite industrie qui y souffre le plus, du moins au dire du représentant des intérêts industriels de la Pologne au sein du Conseil de l'Empire. Et cela est d'autant plus regrettable, que les petits métiers pourraient le plus aisément assurer le pain quotidien aux paysans, qui ne trouvent plus l'emploi de leurs bras dans le travail agricole et sont forcés de quitter la campagne.

La cause du fâcheux état de la petite industrie

n'est autre que l'excès d'impositions, tant de celles prélevées par l'Etat que de celles qui servent à couvrir les frais de l'administration locale, du département et des municipalités. M. Rotvand, le porte-parole des industriels polonais, prétend que ces impôts atteignent le chiffre prodigieux de 40 o/o.

Je suppose que le simple énoncé que je viens de faire, vous permet de constater l'énorme contradiction qui existe entre la doctrine régnante du bien-être de l'ouvrier russe, dont l'honneur reviendrait au régime protecteur, et de l'état réel des choses. Ce dernier se réduit à un fait indiscutable, celui que l'ouvrier russe reçoit un salaire qui n'arrive pas même à la moitié du salaire de l'ouvrier anglais et qu'il paie en qualité de consommateur des prix beaucoup plus élevés pour les objets manufacturés. Si les chiffres que je viens de citer sont exacts, et je n'ai guère lieu d'en douter, le régime protecteur ne garantit pas même de gros bénéfices aux patrons, exception faite de certains genres d'industrie qui alimentent le marché tant russe qu'étranger, telle l'industrie textile. Les toiles coûtant beaucoup plus cher que les cotonnades, le bas peuple donne la préférence à ces dernières tant en Russie d'Europe que dans celle d'Asie, ainsi que dans les provinces limitrophes de la Perse. L'industrie de famille en ce qui concerne la confection des tissus, cède pour cette raison même le pas à la grande industrie et les fabriques de cotonnades, établies tant dans la zone centrale Moscovite, qu'en Pologne et tout particulièrement à Lodz, prospèrent aux dépens de la petite industrie paysanne. En dehors d'un petit nombre de cas, où la pénurie du paysan russe sert elle-même à assurer de gros bénéfices aux patrons de certaines industries, les fabricants russes, en tant que surchargés d'impôts, retirent du capital engagé dans leur entreprises des revenus bien inférieurs à ceux de leur collègues allemands. S'ils continuent néanmoins à étendre leurs entreprises, ce n'est que grâce à une main-d'œuvre fort mal rétribuée ; ce dernier fait trouve son explication naturelle en ce que la campagne déverse dans les villes et les bourgs industriels et commerciaux le trop-plein de sa population rurale et cela suivant une progression continue. La révolution agraire qui est en train de s'accomplir et dont j'ai parlé dans mes précédentes leçons aboutit ainsi à la formation rapide d'un prolétariat nombreux qui se sent à l'étroit dans les lieux qu'il habite et se dirige vers les centres industriels. D'autre part, le nombre des consommateurs de produits manufacturés sortant de nos fabriques et de nos usines, est loin de s'accroître de façon à exiger de la part des patrons une augmentation sensible du nombre de leurs ouvriers. La Russie n'a aucune raison d'espérer que ses produits manufacturés seront librement admis sur les marchés du monde à côté de ceux des pays de libre échange.

Elle a vainement tenté durant la dernière guerre avec le Japon de se créer des débouchés en Chine et notamment en Mandchourie. Ses cotonnades et tout particulièrement ses indiennes sont fort goûtées en Perse, grâce à leur coloration artistique et à des dessins qui correspondent au goût des indigènes. Mais à cette exception près, les autres marchés de l'Asie nous restent fermés. D'ici à bien des années, la Mongolie ne nous achètera qu'un nombre de produits relativement restreint. Nous avons peine à croire que les derniers événements qui se sont passés dans les Balkans nous permettent de garder beaucoup d'espoir quant à l'écoulement de nos marchandises par les ports de Kavala ou de Salonique. On nous annonce, il est vrai, sinon la création, du moins l'accroissement rapide du marché intérieur. On nous fait espérer que le nouveau régime de propriété individuelle du sol, implanté récemment dans nos campagnes, fera croître rapidement la demande d'objets coûteux, que le paysan communiste, trop pauvre, n'était pas à même de se procurer. Je veux bien l'espérer, mais c'est là une évolution qui certainement se fera attendre bien des années, pendant lesquelles l'exode rural annuel ne fera qu'accroître le nombre des sans-travail. Un niveau assez bas des salaires restera par conséquent la règle. Nous ne prévoyons d'autre changement possible que la formation d'une classe de travailleurs ayant entièrement rompu avec la campagne et avec tout travail agricole. Cette classe plus ou moins nouvelle formera le prolétariat des villes. Toute spécialisation a nécessairement pour conséquence une plus grande adresse technique et par conséquent un travail plus productif. L'ouvrier russe arrivera à égaler par son zèle et son habileté ses compagnons d'Allemagne, de France et d'Angleterre. Et ce sera tout profit pour notre industrie. Mais le nombre de bras employés par les patrons n'en sera pas nécessairement accru. Bien au contraire. Le travail devenant plus technique, le nombre de machines et de moteurs mécaniques augmentera, et on finira, comme c'est actuellement le cas dans les usines américaines, par diminuer de plus en plus le personnel ouvrier.

Par conséquent je ne prévois guère, du moins pour la masse de nos travailleurs, d'ici à quelques années, des jours plus heureux. Les salaires hausseront, mais uniquement pour le travail technique, non par celui exécuté par de simples manœuvres, qui forment le gros noyau de notre classe ouvrière.

D'ailleurs, cette dernière en tant que classe distincte des paysans communistes, n'est encore qu'à ses débuts; elle n'a commencé à s'accroître d'une façon plus ou moins rapide que dans les années qui ont suivi l'émancipation des serfs. Ce n'est que depuis cinquante ans à peine que le législateur se préoccupe du sort des ouvriers, en tant que vivant plus ou moins exclusivement du seul produit de leur travail.

C'est à une époque même plus voisine de la nôtre qu'un mouvement vraiment ouvrier a fini par se produire.

Voici quelques dates; elles me permettent de préciser ma pensée. Ce n'est que depuis 1866 que le législateur russe s'est préoccupé d'assurer l'aide médicale aux ouvriers malades ou infirmes. Abstraction faite des ouvriers typographes des deux capitales et des commis de magasins, les premières caisses de secours mutuels entre ouvriers d'une même profession ne remontent qu'aux années qui ont suivi de près la grande réforme d'Alexandre II, j'entends l'émancipation des serfs faite en 1861. Même, dans l'industrie des métaux, les premières sociétés de cet ordre n'ont fait leur apparition qu'en 1861 et uniquement dans le voisinage d'usines appartenant à l'Etat. La loi du 8 mars 1861 a prescrit la création dans l'industrie des métaux de caisses de secours, régies par un conseil d'administration. Ce conseil était composé d'un président nommé par le directeur de l'usine et de quatre membres élus par les ouvriers. La loi s'empressa de préciser que ces quatre membres seront du nombre de ceux, dont la résidence habituelle est dans le voisinage de l'usine et qui y possèdent une maison.

Cette prescription à elle seule nous fait entrevoir que la masse des travailleurs résidait encore à la campagne une bonne partie de l'année et ne venait à l'usine que dans la morte-saison. L'exemple donné par les industries de métaux entretenues par l'Etat fut suivi de près par les entreprises privées du même ordre dans toute la région de l'Oural.

La Pologne avait également pris les devants. Ses sociétés ouvrières de secours mutuels remontent à 1821. Les premières en date furent créées par des ouvriers, travaillant dans l'industrie des métaux. Quant aux autres industries, elles n'ont suivi que de loin l'exemple donné par cette dernière. Des sociétés de secours mutuels ont été constituées en assez grand nombre dans les années 1880 à 1885 et même en 1902 et cela parmi les ouvriers de chemins de fer et les ouvriers de machines et d'armes.

Les premières manifestations de l'esprit de solidarité qui pousse les ouvriers à interrompre leur travail collectif afin de soutenir par des grèves des revendications adressées aux patrons, n'ont suivi qu'à la distance d'une dizaine d'années les premières tentatives d'organisation des sociétés ouvrières de secours mutuels.

Des grèves tant soit peu importantes n'ont éclaté qu'en 1870-1885. On s'y attendait si peu, que la presse réactionnaire en a été ahurie. La *Gazette de Moscou*, dirigée à ce moment par le fameux Katkov, commençait son article de fond par une déclaration, qui, faite aujourd'hui, aurait lieu de nous surprendre : « il n'existe point de question ouvrière en Russie, prétendait l'auteur de l'article en question. Ce n'est que grâce à la faiblesse du gouvernement, continuait-il, que des grèves ont pu se produire. Nous nous sommes volontairement lié les mains en nous laissant entraîner par des doctrines absurdes et nous craignons de sortir de ce cercle vicieux. » Le journal de M. Katkov demandait au gouvernement de sévir contre les prétendus coupables. Mais la cour de justice, devant laquelle ils furent traduits, se contenta de condamner 10 ouvriers à 3 mois de prison et 17 autres à 10 jours chacun. La grève avait été provoquée en partie par un emploi abusif d'amendes par la direction d'une fabrique de cotonnades, appartenant à la famille Morozov à Nikolsk (district d'Orechov-Zouev). Ce fait finit par attirer l'attention du pouvoir sur la nécessité d'intervenir d'une façon plus efficace dans les rapports du capital et du travail.

C'est depuis cette fameuse grève qu'un mouvement

d'idées se produisit en faveur de l'établissement de tout un système d'inspecteurs de fabriques et d'usines, inspecteurs qui avaient pour charge de prévenir de nouveaux conflits et de servir, le cas échéant, d'arbitres entre patrons et ouvriers. La législation russe continua d'ailleurs pendant un temps assez long à considérer les grèves comme une espèce de délit même dans le cas où ces grèves n'étaient accompagnées d'aucun recours à la force. Le code pénal avant 1866 avait contenu deux articles sur les grèves. L'un (art. 1791) fut abrogé, l'autre (art. 1792) maintenu. Ceux qui offrirent la nouvelle rédaction de ce dernier article prétendaient l'avoir emprunté à la législation française.

L'article abrogé et qu'on retrouve dans la première rédaction du code pénal, qui remonta à l'année 1845, déclarait ce qui suit : dans le cas où le personnel ouvrier des fabriques et des usines refuserait obéissance aux patrons et où ce refus serait collectif, les coupables seront condamnés à la punition, qu'encourent ceux qui fomentent une révolte contre les autorités établies, c'est-à-dire pour le moins aux arrêts et comme maximum de peine aux travaux forcés.

L'article maintenu dans la nouvelle rédaction du Code pénal (art. 1792) dit que pour toute grève ayant pour but d'interrompre le travail collectif avant le terme établi par un accord avec le patron, ainsi que dans le but de faire monter les salaires, les coupables seront condamnés aux arrêts et notamment ceux qui ont fomenté la grève — pour la durée de trois semaines à trois mois, et les autres — de trois semaines,

Les grèves sont généralement courtes en Russie, la pénurie de l'ouvrier ne lui permet pas un chômage trop long. Le nombre des grèves s'était considérablement accru dans les années qui précédèrent le mouvement révolutionnaire de 1905. On en compta 77 en 1900, 121 en 1901, 123 en 1902. Le nombre d'ouvriers ayant pris part aux grèves monta dans ces années de 20 à 35 mille hommes. En 1903 nous avons à enregistrer une première grève générale. Elle éclata à Bacou, se répandit peu à peu sur les autres villes du Caucase, notamment Tiflis et Batoum. Elle eut sa répercussion à Odessa, Nicolaief, Kiev, Elisabethgrad, Kertch, Moscou. En 1905 nous eûmes une autre grève générale, qui cette fois fut suivie par 500.000 ouvriers. La grève eut un caractère politique et détermina le gouvernement à publier le fameux manifeste du 17 octobre (1).

(1) Depuis 1905 les grèves sont devenues moins fréquentes.

C'est ainsi qu'en 1908, 892 fabriques ont seules interrompu leurs travaux et le nombre des grévistes ne s'est élevé qu'à 176.101.

En 1909 le chômage ne s'étendit qu'à 340 fabriques avec un personnel ouvrier de 61.106 personnes.

En 1910 les chiffres sont 222 fabriques et 46.613 grévistes. Le mouvement ouvrier reprend de plus belle en 1911 et 1912.

Année 1911, chôment 466 fabriques et usines, 105.110 ouvriers et ouvrières entrent en grève.

Année 1912, les chiffres respectifs sont 2.032 fabriques et 725.491 grévistes.

Et cela sur un total d'ouvriers et d'ouvrières de 2.151.190 personnes, parmi lesquelles les femmes sont au nombre de 667.307 personnes et forment 31 o/o du chiffre total. Le travail des femmes augmente rapidement tous les ans. Dans ces dix dernières années le chiffre des ouvriers n'a augmenté que de 18 o/o, le chiffre des ouvrières de 50 o/o.

Le nombre des fabriques et usines s'est élevé dans le courant

Le caractère intense que l'agitation ouvrière avait pris dans les dernières années du siècle passé et dans les premières années de celui-ci, força le gouvernement à s'occuper plus qu'il ne l'avait fait jusque-là du sort des travailleurs des villes. On fit paraître l'une après l'autre des lois créant une inspection spéciale des fabriques et des usines (années 1882-4), défendant aux femmes et aux enfants, n'ayant pas atteint l'âge de 12 ans, l'exercice de tout travail pendant la nuit (a. 1885-1896). On établit les conditions auxquelles devait se faire dorénavant l'embauchage des ouvriers ; on compléta par de nouveaux articles la loi sur l'inspection des fabriques ; on créa dans chaque chef-lieu de département un inspecteur supérieur (année 1886). On déclara que la journée ouvrière ne devait pas dépasser 11 heures 1/2 par jour, plus tard même (loi du 15 nov. 1906) 10 heures et que le travail devait être suspendu à l'heure du dîner et du goûter, de sorte que la durée effective du travail ne devait plus être que de 9 heures (année 1897). On compléta une troisième fois la loi sur l'inspection des fabriques en installant six inspecteurs généraux dans tout l'Empire ; chacun d'eux avait son ressort distinct ; les inspecteurs de fabriques départementaux furent placés sous les ordres de ces inspecteurs régionaux. J'ai eu l'occasion d'analyser les principales dispositions de toutes ces lois dans un livre écrit en

de l'année 1912 à 17.356. Le nombre des ouvriers mineurs a été de 30.314 et celui des adolescents 201.282 sur les 2.151.190 personnes ayant pris part au travail industriel du pays en l'année 1912 (journal *Le Jour*, n° du 17 décembre 1913).

français et qui fait partie de la Bibliothèque Sociologique Internationale. Je ne veux point revenir aujourd'hui sur ce que j'ai dit, mais je tiens à remplir une lacune. Au moment où je faisais paraître mon livre (1898), il me paraissait hors de doute que les lois ouvrières seraient strictement appliquées par ceux qui en avaient la charge. J'apprends de M. Ozerov, professeur à Moscou et auteur d'un livre sur la politique ouvrière en Russie (1906) que la loi fixant la durée de la journée ouvrière resta lettre morte (1), et que des circulaires lancées par le ministre de l'Intérieur, circulaires qu'on se garda bien de publier, donnèrent une fâcheuse direction à l'activité des inspecteurs de fabriques.

Vous pourrez en juger par certaines citations, que je vais faire en me servant du texte de l'une de ces circulaires, circulaire du 8 avril 1897. Le professeur Ozerov a été le premier à la faire connaître dans son livre sur *La politique ouvrière russe*.

Le ministre déclare que des gens mal intentionnés se sont emparés du mouvement ouvrier et sont désireux de faire éclater des grèves dans un grand nombre de fabriques et d'usines. Aussi le gouvernement invite-t-il les inspecteurs de fabriques à faire leur possible pour prévenir ces grèves. Si néanmoins elles finissaient par se produire, les mêmes inspecteurs devront faire entendre aux ouvriers qu'aucune concession ne leur sera faite de la part des patrons avant la reprise du travail. Dans le cas, où les directeurs s'en-

(1) P. 21.

tendraient avec les ouvriers et accepteraient leurs conditions, ils risqueraient de déplaire au gouvernement et d'encourir des peines administratives, telles que la défense de séjourner dans les environs de la fabrique ou de l'usine. Les ouvriers qui ne veulent point entendre raison seront déportés dans leurs lieux d'origine.

D'autres circulaires également secrètes, et qui remontent à l'année du couronnement de l'Empereur actuel, sont surtout intéressantes à lire. Elles menacent les patrons de peines administratives dans le cas où par leur intransigeance ils pousseraient leurs ouvriers à se mettre en grève. Il faut que la concorde règne dans le monde industriel du moins aussi longtemps qu'on n'en aura pas fini avec la visite de l'Empereur à Moscou pour les fêtes du couronnement. Car l'ordre doit être maintenu à tout prix.

C'est surtout au point de vue policier qu'on se place quand il s'agit de juger de l'effet que peut avoir une interruption du travail dans les fabriques pour un terme plus ou moins long. Aussi les grévistes seront-ils traités avec rigueur et immédiatement transportés aux frais du gouvernement dans leurs lieux d'origine. M. Ozerov a raison d'insister sur ce fait que ces circulaires secrètes et les mesures prises en conséquence par les inspecteurs, de fabriques expliquent en grande partie la haine que le monde ouvrier, dans les premières années de ce siècle, témoigna tant à l'égard des patrons que des agents du gouvernement, à commencer par les agents de la police et en finissant par les inspecteurs de fabriques. Cette haine se manifesta durant les grèves qui se produisirent dans les dernières années du XIXe siècle. Leur poursuite prépara la démarche collective faite auprès de l'Empereur en 1904 et qui amena la catastrophe d'avril, pendant laquelle des bandes d'ouvriers menées par le prêtre Gapon et se rendant sur la grande place du palais d'hiver furent refoulées par la troupe. Il y eut un certain nombre de morts et de blessés.

Le retentissement qu'eut cette prétendue émeute fut fort considérable. Le gouvernement tint à en atténuer l'effet. Une commission fut nommée sous la présidence de M. Kokovzev, qui à ce moment était ministre-adjoint des finances. Elle eut pour charge d'élaborer de nouveaux projets de lois ouvrières. L'oukaze ou lettres patentes publiées à cette occasion déclaraient que l'Empereur avait à cœur de soulager, autant que cela était en son pouvoir, le sort des ouvriers et qu'à cette fin la commission devait s'occuper de tracer les grandes lignes d'un certain nombre de réformes.

Parmi ces réformes on trouve l'abolition de toute peine pour les ouvriers se mettant en grève, à une condition pourtant : ils doivent s'abstenir de toutes voies de fait, ne point empêcher par la force la continuation du travail par ceux de leurs camarades qui ne tiennent point à se joindre à eux. La grève devient un délit punissable par le code pénal en cas de destruction de machines, de coups portés aux gens se trouvant au service du patron, de rixes sanglantes avec ceux des ouvriers qui veulent continuer leur travail.

La grève ayant perdu de la sorte tout caractère délictueux, on avait lieu d'espérer, que le gouvernement autoriserait la formation de syndicats ouvriers, d'autant plus que des syndicats analogues existaient déjà depuis pas mal de temps parmi les industriels et que ces syndicats avaient même commencé par se réunir en trusts. Mais la défiance professée par les autorités à l'égard de toutes les organisations collectives, dont elles ne pourraient avoir la direction, et la crainte que les syndicats ouvriers ne tombent entre les mains de socialistes, amena le gouvernement à donner la préférence à une forme hybride d'organisation ouvrière dont on ne trouve point la pareille nulle part dans l'Occident de l'Europe. J'entends parler de l'institution d' « anciens » (starosti), élus par les ouvriers de chaque fabrique du consentement de leurs patrons et sur l'initiative de l'inspecteur d'industrie, c'est-à-dire d'un agent du gouvernement. On prétend que le gouvernement russe, en créant ces sortes d'intermédiaires entre les ouvriers et les patrons, n'avait fait que suivre l'exemple de l'Allemagne, ainsi que celui de l'Autriche. Mais quelle différence entre les « Arbeiter Ausschüsse » ou comités ouvriers dont les membres sont librement élus par les travailleurs d'une seule et même fabrique, et les « anciens » russes, dont le choix est subordonné à l'acquiescement du patron et précédé d'une espèce d'enquête, faite par l'inspecteur d'industrie, enquête qui concerne la personne du candidat. Le législateur russe s'est surtout préoccupé en créant les « anciens », d'éviter à l'avenir aux patrons tout contact direct en cas de conflits avec une foule mal disciplinée, très excitable et pouvant pour cette raison jouer un mauvais tour tant au patron qu'à l'agent du pouvoir. Les ouvriers, mis sur leur garde, refusèrent tout d'abord de nommer au poste d'anciens des personnes possédant leur confiance, car ils s'attendaient non sans raison à ce que les autorités écartassent leurs élus dans le cas où ils se montreraient intransigeants dans la défense des intérêts de leurs camarades. Une autre raison pour laquelle la loi de 1903, établissant les anciens, devint impopulaire, doit être cherchée dans le fait qu'on a tenu tout d'abord à restreindre les attributions des anciens à la seule interprétation des clauses du contrat, passé entre le patron et les ouvriers.

Un fait digne d'être noté, c'est le mauvais vouloir que les patrons ont témoigné pour cet essai, fort timide d'ailleurs, d'établir une espèce de représentation des intérêts ouvriers. Alors que la nouvelle loi n'était encore qu'à l'état de projet, M. Glesmer, en tant que président de la société des industriels de Pétersbourg, se crut autorisé à adresser au gouvernement une protestation écrite. Il faisait entendre que la réforme projetée avait le grand tort de ne tenir aucun compte du fait qu'il n'existait point en Russie de classe distincte d'ouvriers, que la majeure partie de ceux qui travaillaient aux fabriques et usines étaient des paysans ayant gardé des liens très étroits avec la terre. Il était imprudent à son avis de leur inspirer l'idée qu'ils avaient des intérêts collectifs, en tant que faisant partie du personnel ouvrier de telle ou telle fabrique. On ignore, disait-il, en Russie le contrat collectif. Le patron ne prend à son service que des ouvriers isolés. D'ailleurs l'installation dans les fabriques d'« anciens » n'aurait pour effet que de laisser le champ libre à la propagande socialiste et préparerait en définitive de nouveaux conflits entre le capital et le travail.

La loi instituant les anciens augmenta seulement le nombre des lois qui ne se sont pas montrées viables. Dans 39 gouvernements, écrit le professeur Ozerov, elle ne fut point appliquée. Les ouvriers furent privés comme par le passé du droit de se réunir et de discuter leurs intérêts collectifs. L'article 112 du « Code de prévention de crimes » ne laisse aucun doute à ce sujet, car il défend aux ouvriers d'agir en masse (on dit en russe « skopom »).

Et tout de même la loi du 10 juin 1903 instituant les anciens fut suivie presque à trois années de distance par la loi du 4 mars 1906 sur les syndicats professionnels. Elle admet qu'il existe entre les ouvriers une certaine communauté d'intérêts. Elle reconnaît l'utilité d'une organisation qui leur permette d'exprimer leurs désirs et leurs besoins généraux; aussi autorise-t-elle les ouvriers russes à organiser dans leur clan des associations. On n'eut plus besoin de demander pour leur création une autorisation aux autorités. Un simple enregistrement devait suffire, mais un enregistrement soumis à l'approbation administrative.

L'enregistrement des syndicats professionnels appartient à la commission provinciale des mines et manufactures ou au conseil municipal. D'après la loi « les syndicats ont pour but l'étude et la coordination des intérêts économiques, l'amélioration des conditions du travail et le développement de la production dans les entreprises adhérentes. Le syndicat a pour objet : 1° de s'efforcer de régler par arbitrage les différends qui s'élèveraient entre employeurs et employés au sujet du contrat de travail ; 2° de fixer le taux des salaires et les autres conditions du travail dans les diverses branches d'industrie et de commerce ; 3° de favoriser le service de secours, l'institution de caisses de frais funéraires, de secours mutuels etc.; l'organisation de bibliothèques, d'écoles professionnelles, de cours et de conférences ; 4° de chercher à procurer à ses adhérents la possibilité d'acquérir avantageusement les objets de première nécessité ; 5° de jouer le rôle de bureau de placement ; 6° de donner à ses adhérents les conseils juridiques dont ils pourraient avoir besoin. Enfin les syndicats professionnels peuvent présenter aux autorités administratives leurs observations sur toutes les questions qui rentrent dans le cercle de leur compétence.

Le gouvernement se réserve le droit de dissoudre ces syndicats s'ils s'écartent de leur objet statutaire ou si leur action peut nuire à la sécurité publique ou encore quand elle affecte un caractère ouvertement amoral. Dans tous ces cas le gouverneur et le maire ont le droit de dissoudre provisoirement le syndicat de leur propre autorité, quitte à en référer ensuite à la commission provinciale pour sa suppression définitive.

Dans les premières années qui suivirent la promulgation de la loi, les syndicats professionnels, tant patronaux qu'ouvriers, se constituèrent en grand nombre, c'est par milliers que certains syndicats ouvriers comptaient leurs adhérents.

Mais bientôt un ralentissement marqué se fit sentir dans le développement du mouvement syndicaliste.

Exception faite de la loi que je viens d'analyser, loi du 4 mars 1906, la législation ouvrière en Russie a cela de particulier qu'elle est imbue d'un seul principe, celui de l'État-tuteur de tous les actes, dont se compose la vie économique du pays, tant de la conduite des patrons vis-à-vis de leurs ouvriers que de la façon dont ces derniers se comportent vis-à-vis du patron.

Si l'on se demande quel exemple a suivi le législateur russe en établissant les bases de sa politique ouvrière, on ne sera pas loin de la vérité en disant qu'il s'est surtout inspiré des principes longtemps restés en vogue dans divers pays de l'Allemagne, ainsi qu'en Autriche. Nulle part ces principes n'ont si clairement apparu au grand jour que dans le royaume de Prusse, surtout dans la première moitié du siècle passé. On sait que la théorie la plus en vogue ici était celle exposée du haut d'une chaire par M. Stahl, professeur à Berlin. Cette théorie était celle de l'Etat Providence, Etat qui ne demande qu'à assurer le bonheur de toutes les classes, ou plutôt de tous les ordres sociaux, mais à une condition seulement ; c'est qu'ils n'entreprendront rien par eux-mêmes pour assurer le triomphe de leurs intérêts, qu'ils se laisseront guider entièrement par le pouvoir et ses nombreux agents, qu'ils consentiront à rester éternellement en tutelle, en évitant tout contact direct entre eux, toute tentative de régler les intérêts en litige par la voie du contrat. Or, c'est là l'idéal de l'Etat policier. L'Autriche et la Prusse l'ont été toutes les deux avant 1848. La Russie l'est encore. Aussi la doctrine formulée par Stahl et longtemps fidèlement suivie par les hommes d'Etat tant en Prusse qu'en Autriche, est-elle encore fort goûtée par notre monde bureaucratique. D'après elle les ministres et autres chefs de service qui agissent au nom du tzar, sont considérés comme les arbitres naturels de tout conflit entre le capital et le travail. Les réactionnaires les plus intransigeants se déclarent en ce sens, et en ce sens seulement, favorables à l'intervention du pouvoir. On croirait avoir affaire à des socialistes d'Etat. Le tzar à leurs yeux, pour parler le langage d'un autre illustre légiste allemand, M. Gneist, a la haute mission de préserver l'Empire de la lutte funeste des classes. Patrons et ouvriers sont également invités à ne chercher aide et secours qu'auprès des autorités établies, à lever constamment leur regard vers le tzar en tant que dispensateur suprême des biens d'ici-bas et père de tous ses sujets soumis. Cette théorie est plus ou moins acceptée par la bourgeoisie. Les industriels savent en tirer profit et demandent à toute occasion le maintien du système protectionniste. Quant aux ouvriers ils deviennent de plus en plus sceptiques quant aux heureux effets de la tutelle, exercée par le gouvernement. Le socialisme d'Etat n'est pas exactement celui qui les attire. Ils croient plutôt à l'efficacité de la lutte des classes. Ils ont le culte de la grève et rêvent à la possibilité de renverser l'ordre établi par une suspension générale du travail. Les doctrines de la social-démocratie les pénètrent de plus en plus.

Contrairement au président actuel du conseil des ministres, je n'envisage point l'avenir avec sérénité. On aurait tort d'insister à mon avis sur ce fait, que tout danger de conflit entre les classes dirigeantes et le peuple ouvrier est définitivement écarté. Ce conflit pourra même être plus sérieux que celui auquel nous avons assisté dans les années 1905 et 1906. Trop de rancunes se sont accumulées depuis et la réaction a été trop inhumaine et trop sanglante. Pensez seulement à ce qui s'est produit il y a à peine deux ans dans les mines d'or de la Léna. Des ouvriers sans armes qui étaient venus porter leurs réclamations aux patrons ont été fusillés sans pitié par la troupe. On n'a pas même fait les trois sommations d'usage, on ne leur a pas demandé de se disperser au plus tôt. Le pouvoir a bien fini par envoyer un enquêteur en Sibérie, dans la personne du conseiller d'état Manouchin. Cet enquêteur a rempli son devoir en faisant toute la lumière sur cette lugubre affaire.

Mais le rapport dressé par lui est loin d'être publié dans son intégralité. Les coupables restent impunis et les ministres continuent à ne point vouloir s'entendre sur le caractère même de la grève qui s'est produite dans les mines de la Léna : l'un d'entre eux, l'ancien ministre de l'intérieur, M. Makarov, insiste sur le caractère politique de la grève, alors que l'enquête faite sur les lieux par le conseiller d'état Manouchin ne laisse aucun doute quant aux revendications purement économiques des grévistes. Et ce n'est point là une discussion simplement académique, car dans le cas où on aurait démontré que les grévistes furent des rebelles, il serait facile au pouvoir de maintenir le bien fondé de la répression sanglante qui eut lieu il y a deux ans dans les mines de la Léna. Le ministre Makarov prenant la défense de ses subordonnés, n'a-t-il pas prononcé la fameuse phrase : « On a agi de la sorte et on agira de même dans l'avenir ».

Ces paroles irréfléchies sont de celles qui restent longtemps gravées dans la mémoire et qui ne font qu'envenimer la haine du peuple ouvrier, non seulement pour les patrons, mais encore pour les agents du pouvoir.

SIXIÈME LEÇON

LES LOIS SOCIALES

A côté des ouvriers industriels il existe en Russie depuis l'émancipation des serfs une classe de plus en plus nombreuse d'ouvriers de campagnes. Elle a cela de particulier, que ses membres sont encore loin d'avoir rompu tout lien avec le sol natal. Plus d'un est en même temps sinon propriétaire, du moins détenteur et usufruitier d'un lopin de terre plutôt à titre collectif qu'à titre individuel. La famille paysanne, ne pouvant vivre uniquement du produit de son lot, est amenée à envoyer au dehors certains de ses membres à la recherche du travail au temps de la récolte des blés et de la rentrée des foins. Ce ne sont pas seulement les adultes qui quittent ainsi leur foyer d'hiver et se déplacent souvent à la distance de plus d'une centaine, quelquefois même d'un millier de kilomètres. On trouve souvent parmi ces émigrés des jeunes gens des deux sexes. Comme personne en Russie ne peut voyager même à l'intérieur du pays sans être muni d'un passeport, il y a moyen d'établir le chiffre approximatif de ceux qui se déplacent ainsi régulièrement en été. Il n'y a qu'à se demander combien de personnes ont cherché à se munir d'un passeport pour l'intérieur du pays et cela pour un terme ne dépassant pas six mois. Nous aurons ainsi le chiffre maximum de ceux qui prennent part à cette migration périodique. Dans les années 1891 à 1900 on a délivré en moyenne chaque année 3.164.000 passe-ports de cet ordre, valables pour six mois ou moins.

On se demande quelle est la proportion qui existe entre le travail des deux sexes dans l'industrie agricole ? Pour répondre à cette question, nous devons consulter les chiffres du dernier recensement. Il remonte à l'année 1897. A ce moment, on comptait 1.467.000 travailleurs agricoles et 665.597 femmes, s'adonnant au même genre de travaux champêtres. Les deux chiffres réunis nous donnent 2.122.597 ouvriers et ouvrières prenant en été part aux travaux des champs. Les femmes forment à peu près le tiers de ce chiffre (31 %). J'appelle ce chiffre chiffre minimum, le recensement ayant eu lieu en hiver alors que plus d'un agriculteur aurait dû être classé parmi ceux qui s'adonnent à l'exercice de métiers domestiques, les seuls qui procurent aux paysans un gagne-pain pendant la morte-saison. Les deux chiffres, celui de 3.164.000 passeports et celui de 2.122.000 ouvriers agricoles, indiqués comme tels dans un recensement fait en hiver, loin de se contredire, se contrôlent ainsi réciproquement. La nouvelle loi agraire, en supprimant un grand nombre de communes agricoles, a eu pour résultat, ainsi que nous l'avons fait voir dans une de nos précédentes leçons, d'augmenter le nombre de gens ayant rompu tout lien avec le sol. Le chiffre de ceux qui gagnent leur vie en travaillant les champs d'autrui, a dû nécessairement s'accroître pour cette même raison. Il est par conséquet difficile de porter le nombre des manœuvres agricoles au-dessous de 3 millions. Nos statistiques officielles, basées sur les rapports des inspecteurs de fabriques, estiment que le nombre total des ouvriers industriels dépasse deux millions et demi. Ils sont par conséquent inférieurs en nombre aux manœuvres des campagnes. Les nouvelles lois d'assurances ouvrières ne s'occupent que du sort des ouvriers industriels. Les travailleurs des champs sont entièrement ignorés par ces lois.

Or, depuis que les machines agricoles et tout particulièrement les batteuses mécaniques sont devenues communes, même dans les ménages paysans, les risques auxquels est exposé la santé des manœuvres ont considérablement augmenté. Les maladies des yeux sont devenues fort fréquentes dans leur milieu. Comme ils sont souvent mal nourris et logés à l'étroit, forcés quelquefois, surtout au moment de la récolte, de passer la nuit à la belle étoile, les cas de maladies gastriques, de fièvres, de rhumatismes, etc., se comptent parmi eux par milliers. Dans une de nos provinces du centre, celle de Kharkov, un médecin au service du conseil général, M. Maxsimovitch a su réunir à ce sujet quelques données qui ne manquent pas d'intérêt. Sur 3.782 ouvriers de fabriques, soumis à son examen médical, seuls 13 % étaient atteints du trachoma, alors que sur 1.686 ouvriers agricoles, dont il avait également examiné les yeux, 22 % avaient la même maladie. Autre détail non moins significatif. Les médecins au service des zemstvo ou conseils généraux des départements, prétendent qu'à la rentrée de la moisson, ils sont forcés de faire des achats de médicaments et de bandages comme s'il s'agissait d'une prochaine entrée en campagne, tellement fréquents sont les cas où les journaliers agricoles, peu accoutumés qu'ils sont à l'usage des machines, subissent des lésions, qui souvent mettent leur vie en péril ou les rendent estropiés pour le reste de leurs jours. Le médecin Tesiakov, qui s'est tout particulièrement occupé de cette question, prétend que sur cent manœuvres, 5 ou 6 en moyenne deviennent estropiés et que dans certains endroits ce chiffre monte à 13 %. Une entière guérison ne se produit que dans la moitié des cas en question. Parmi les victimes on compte beaucoup d'adolescents ayant tout au plus atteint l'âge de 15 ans.

Il est fâcheux que la loi ne se soit point préoccupée jusqu'ici du sort des travailleurs agricoles. Il n'existe aucune inspection officielle qui les concerne, pareille à celle qui contrôle les rapports des ouvriers et des patrons d'usines ou de fabriques. Le système d'assurances obligatoires et réciproques en cas de maladies et de lésions de membres, qui ont pour conséquence la perte entière ou partielle de la capacité de travail, ne concerne guère les journaliers agricoles. Ce fait fut relevé à plusieurs reprises pendant les débats des deux Chambres pas plus tard que l'année dernière. Les représentants du parti du travail et les socialistes démocrates ont insisté à juste titre sur ce fait que le système des assurances tel qu'il est réglé par le projet de loi, introduit par le gouvernement, ne vise qu'un petit nombre d'ouvriers, notamment ceux dont les rapports avec les patrons sont soumis au contrôle des inspecteurs de fabriques. Alors qu'en Allemagne, 27 millions d'ouvriers sont appelés à bénéficier de la loi des assurances, en Russie 2 millions et demi se trouvent à peine dans le meme cas et cela sur un nombre total de travailleurs de 13 millions. Le ministère du commerce et de l'industrie a fait paraître tout récemment un Recueil d'articles sous un seul et même titre qui est le suivant : « Les moyens de sauvegarder la vie et la santé des ouvriers. » Dans ce travail collectif auquel ont pris part des professeurs à l'école polytechnique de Saint-Pétersbourg, nous trouvons le passage que voici : Le travail est faiblement protégé en Russie et le nombre d'accidents malheureux est fort considérable dans nos fabriques et nos usines. C'est ainsi qu'en 1909 on a constaté 54.304 accidents parmi un personnel ouvrier qui ne dépassait pas 1.800.410 personnes. Ceci fait que sur 1.000 ouvriers, 30 avaient reçu des lésions plus ou moins dangereuses. Le chiffre d'accidents de travail est exceptionnellement grand dans notre industrie minière et tout particulièrement dans celle du midi. On a peine à croire qu'en 1907, sur mille ouvriers, on comptait 311,9 ayant à se plaindre d'accidents de travail,

Et quant à notre industrie métallurgique, également dans le midi de la Russie, en 1907, sur mille ouvriers qu'elle emploie, 464 en moyenne ont été victimes d'accidents de travail (sur 52.094 ouvriers, 24.740 accidents de travail). Ce chiffre ne tient compte que de lésions sérieuses ayant exigé des soins prolongés ; il ne s'agit guère ici de faibles blessures ni de coups reçus. L'auteur de l'article cité, qui n'est autre que M. Kirpitchev, un savant technicien fort apprécié en Russie, prétend qu'une des raisons pour lesquelles le nombre d'accidents de travail est si élevé chez nous, n'est autre que celle-ci : la journée de travail est trop longue ; nous avons vu que la loi l'a fixée d'abord à 11 heures et demi et plus tard à 10 heures. Les ouvriers fatigués par un excès d'efforts deviennent moins attentifs, commettent des imprudences, pénètrent dans des endroits dont l'accès leur est interdit, etc. La grande industrie, déclare le même auteur, possède aujourd'hui les moyens nécessaires pour protéger l'ouvrier contre les accidents de travail d'une façon plus efficace que la petite industrie et l'industrie de famille. Un inspecteur de fabriques de la région de Moscou, l'économiste Janjoul, avait démontré en 1880 que nulle part la vie et la santé des ouvriers n'était mise à une plus grande épreuve que dans l'industrie des nattes ; or cette industrie était généralement exercée dans des ateliers de familles. Mais la grande industrie, continue M. Kirpichev, n'est en Russie qu'à ses débuts. Et tout de même nous possédons déjà quelques chiffres qui établissent que les accidents de travail sont moins nombreux dans les grandes fabriques et usines, en tant que mieux outillées, que dans la petite industrie dépourvue qu'elle est de capitaux suffisants pour faire usage de tous les moyens de protection inventés par la technique moderne dans le but de mettre l'ouvrier à l'abri de tout accident de travail.

C'est en 1866, qu'à l'occasion de l'apparition du choléra à Moscou, le gouvernement russe s'est préoccupé, pour la première fois sur une grande échelle, des soins à apporter aux ouvriers en cas de maladie. Le choléra ayant cessé, on attendit encore une vingtaine d'années avant de mettre à exécution la loi de 1866. Elle imposait aux patrons le devoir de procurer aux malades des soins médicaux dans des ambulances et des hôpitaux, construits par eux-mêmes dans ce but. La loi déclare que les patrons doivent entretenir dans ces hôpitaux un nombre de lits suffisant. Cette condition lui paraît être remplie chaque fois que le nombre de lits est de dix par 1.000 ouvriers ou de 1 par 100. Le nombre de jours pendant lesquels le patron fournit à l'ouvrier à ses propres frais les soins médicaux est fixé à quatre. C'est là le terme, à l'expiration duquel un ouvrier, ayant interrompu son travail à la fabrique ou à l'usine pour toutes sortes de causes, entre autres celle de la maladie, peut, d'après la loi russe, être renvoyé par son patron. En dehors des soins médicaux, l'ouvrier malade ou devenu victime d'un accident de travail, a le droit d'exiger du patron une rémunération en argent, mais seulement dans le cas où il réussirait à établir devant le tribunal qu'il est devenu malade ou estropié par la faute du patron. La rémunération doit suffire à l'entretien de la victime et de sa famille pendant tout le temps de sa maladie ; en cas de mort, les frais des funérailles incombent au patron. Seuls les ouvriers attachés aux chemins de fer ou aux bateaux sont dispensés de fournir des preuves de la culpabilité du patron ou de la compagnie.

Nous pouvons juger à quel point cette loi resta inappliquée, même à la fin du siècle passé, d'après les données suivantes. En 1897, 82 % de toutes les entreprises industrielles soumises au contrôle des inspecteurs de fabriques et possédant un personnel d'ouvriers à peine égal à 30 % du chiffre total (qui était de 1.453.925), étaient privés tant d'ambulances que d'hôpitaux et restaient par conséquent sans soins médicaux. Seules les grandes industries qui ne forment que 18 % du chiffre total (19.292 entreprises) et s'exercent avec un personnel d'ouvriers égal à 70 % de tous ceux employés aux usines et aux fabriques, avaient un service médical assuré. D'ailleurs dans plus d'un cas ce service était fait non par un médecin, mais par un officier de santé ; souvent aussi le médecin ne venait à la fabrique qu'une ou tout au plus deux fois par semaine. Quant à la petite industrie, elle manquait de moyens nécessaires pour assurer des secours médicaux à ses ouvriers ; leur nombre étant restreint, les dépenses occasionnées par l'entretien de chaque malade étaient fort élevées. On a fait ce calcul que les soins médicaux accordés à un malade dans les usines ou fabriques possédant un personnel ouvrier de mille personnes, revenaient à 4 roubles par tête, alors que dans les industries où le personnel ouvrier était réduit à 15 personnes, ces mêmes soins exigeaient une dépense de 53 roubles par malade. Tout de même la loi avait amené plus d'un grand industriel des régions du centre, celles de Moscou et de Tver, à construire à ses frais de magnifiques hôpitaux dont ils avaient tout lieu d'être fiers. Malheureusement ce bon exemple ne fut point suivi ailleurs, ni dans le nord, ni dans le midi ou encore à l'Est de Moscou. Quant à l'Ouest, et tout particulièrement en Pologne, envahie qu'elle est de plus en plus par des industriels allemands, venant en Russie donner la dernière façon à des objets à moitié manufacturés dans leur propre pays, et cela afin de profiter des avantages qu'assure le système protecteur, elle devint, grâce aux ouvriers allemands, le premier foyer de ces « caisses de malades » ou caisses de secours aux malades, qu'on vient tout récemment d'introduire également dans les provinces russes (1).

Ce n'est qu'en 1903 que la législation russe a définitivement établi le devoir des patrons de soigner leurs ouvriers en cas de maladies ou d'accidents de travail, et à veiller à leur entretien pendant tout le temps que dure la guérison. Ce n'est plus à l'ouvrier qu'incombe le devoir de prouver que la cause de l'accident a été le manque de soins apportés par le patron. C'est à ce dernier que revient le devoir d'établir devant le tribunal que l'ouvrier a été une vic-

(1) Consultez Scheikevitch, *Aperçu général de la législation ouvrière russe*, 1912, p. 200.

time bénévole, que c'est de parti pris qu'il a cherché le danger, s'est exposé à l'accident, dont la suite a été pour lui la perte totale ou partielle de sa capacité de travail. Le patron est astreint à payer tous les frais du service médical et à fournir à l'ouvrier les moyens d'existence pendant le temps que dure la maladie. A cette fin il lui paie par jour la moitié de son salaire. En cas de mort il verse 30 roubles à la famille du défunt pour couvrir les frais de son enterrement.

Ces conditions ont paru à bien des patrons tellement onéreuses qu'ils ont pris le parti d'assurer leurs ouvriers à leurs propres frais dans telle ou telle compagnie d'assurance privée. Ce n'est que depuis que cette pratique s'est plus ou moins généralisée, que le gouvernement russe a été obligé de soulever la question des assurances obligatoires des ouvriers contre la maladie et les accidents de travail.

La Commission, présidée par M. Kokovzev, reçut de la part de l'Empereur Nicolas II l'ordre d'élaborer des projets de loi, devant servir à cette fin.

Cet ordre donné en 1904 ne reçut son exécution que huit ans plus tard.

En 1911 commença à la Douma la discussion de quatre lois concernant les assurances ouvrières et ce n'est qu'en 1912 que ces lois furent votées par les deux Chambres et reçurent la sanction impériale. Nous allons jeter un coup d'œil rapide sur les principales dispositions de ces lois et sur ce qui a été fait jusqu'ici pour les mettre en vigueur. Nous ferons connaître également certaines parties des débats qui ont précédé le vote de ces lois tant à la Douma qu'au Conseil de l'Empire.

La question de savoir, à qui incombe le devoir de soigner les malades et les estropiés, a divisé les Chambres russes. La Douma, sur l'avis d'une commission choisie par elle pour l'étude des projets de lois d'assurances ouvrières, s'est prononcée en faveur de l'établissement de caisses de secours autrement dites « Caisses d'hôpitaux » formées de patrons et de délégués ouvriers. C'est là la méthode suivie tant en Allemagne, qu'en Autriche. Le Conseil de l'Empire repoussa ce système et se prononça en faveur d'un système mixte : là où il existe déjà des hôpitaux établis par les patrons, ces derniers n'ont qu'à y soigner leurs ouvriers malades, ou ayant pâti des accidents de travail. Ils gardent dans ce cas entre leurs mains la surveillance des hôpitaux ; quant à la « caisse de secours », dont le patron de la fabrique doit également faire partie, c'est à elle à fournir les frais de l'entretien du malade ou de l'estropié. Le capital dont elle dispose est formé de versements faits tant par le patron que par ses ouvriers. Trois cinquièmes de ces frais sont supportés par les ouvriers et deux cinquièmes par le patron.

Le gouvernement dans la personne de M. Kokovzev, président actuel du conseil des ministres, a donné la préférence au projet de loi élaboré par le Conseil de l'Empire, ou plutôt par une commission spéciale choisie dans son sein pour l'étude préalable des lois d'assurances ouvrières.

La raison pour laquelle la Douma s'est rendu en définitive aux raisons présentées par le Conseil est la suivante : Alors qu'en Allemagne les caisses de secours aux ouvriers malades et estropiés au moment du vote des lois d'assurances étaient largement répandues sur toute la surface du pays, il n'en existait presque pas en Russie. Au contraire les grandes fabriques et usines possèdent chez nous des hôpitaux en assez grand nombre ; ils sont administrés par les patrons qui en ont fait tous les frais. A en juger d'après l'enquête faite en 1897 (nous n'en avons guère de plus récente) il existait à ce moment dans les grandes fabriques russes 964 hôpitaux, où 43 o/o de tout le personnel ouvrier trouvaient les soins médicaux qui leur étaient nécessaires en cas de maladies ou d'accidents du travail. Les patrons ne consentaient point à se dessaisir de ces hôpitaux au profit des caisses de secours mutuels. Ils tenaient à les garder dans leur propre régie. En se conformant à la loi de 1866, ils consentaient à offrir dans ces hôpitaux des soins gratuits à 87 o/o de tous les ouvriers employés dans les fabriques et usines soumises au contrôle des inspecteurs nommés par l'Etat. Il n'y avait qu'à tenir compte de leur bon vouloir, ne rien innover, et confirmer l'obligation qu'avaient les patrons de veiller à la bonne santé de leur personnel ouvrier. Ce n'est que dans la petite industrie qui n'emploie tout au plus qu'un million d'ouvriers qu'il s'agissait d'introduire pour la première fois le secours médical obligatoire. En considération de ce que les hôpitaux lui manquaient, on prit le parti de s'en remettre pour les soins médicaux aux caisses de secours mutuel (caisses de maladies) créées par la nouvelle loi. On leur imposa les mêmes devoirs que ceux qui incombent aux patrons dans la grande industrie. C'est à ces caisses de maladies que revient l'obligation d'établir et de gérer des hôpitaux, d'entretenir le personnel médical nécessaire, de s'approvisionner de tous les médicaments, instruments de chirurgie, bandages, etc., dont les malades et les blessés peuvent avoir besoin pour leur traitement. On compte en Russie à peu près 13.000 entreprises appartenant à la petite ou moyenne industrie à côté de 964 grandes fabriques et usines. Exception faite de celles qui se trouvent en Pologne ou dans la région minière de l'Oural, toutes ces petites industries ne se sont point occupées jusqu'ici d'assurer des soins médicaux à leur personnel ouvrier. Il s'agira de les créer et c'est aux « caisses de maladies » que reviendra cette tâche. Comme chacune de ces petites industries n'emploie qu'un nombre fort restreint d'ouvriers, il faudra les réunir en faisceau de façon à faire entrer en qualité de membres de la même caisse de secours, au bas mot, 200 ouvriers.

La loi sur les assurances ouvrières en cas de maladie déclare que seules sont soumises à ses règlements les fabriques et les usines, entreprises minières et métallurgiques, entreprises de chemins de fer, de tramways, de navigation fluviale (fleuves, canaux, mers intérieures et lacs), qui occupent d'une façon permanente au moins 20 ouvriers et utilisent des chaudières à vapeur, ou des machines mues par les forces naturelles (eau, gaz, électricité, etc.) ou animales ; ainsi que les entreprises mentionnées ci-dessus, qui sans employer des chaudières à vapeur, emploient d'une façon permanente au moins trente ouvrières. Ces établissements industriels peuvent appartenir tant à des individus qu'à des compagnies, ou encore à des corporations d'ordre public, telles les municipalités et les zemstvo ou conseils généraux des départements. Les entreprises de l'Etat et des compagnies de chemins de fer d'utilité générale, ne sont point soumises à la loi.

L'assurance contre la maladie et les accidents de travail est obligatoire pour tous les ouvriers employés dans ces sortes d'entreprises sans différence de sexe et d'âge. Le service médical doit être assuré aux frais du patron. Les moyens nécessaires à l'entretien du malade proviennent de caisses de secours mutuels (caisses de maladies). On établit la somme nécessaire à l'entretien du malade ou du blessé en tenant compte du salaire reçu par lui durant l'année qui précède sa maladie, des frais de son logement et de sa nourriture. Les frais du logement ne doivent pas dépasser 20 o/o de son salaire. Les frais de nourriture se règlent d'après le coût réel.

Les caisses de maladies doivent avoir pour clients au minimum 200 personnes. Si ce chiffre n'est pas atteint par le personnel ouvrier de telle ou telle fabrique, deux ou plusieurs fabriques avec tous leurs ouvriers se réunissent pour établir une seule et même caisse. Plusieurs caisses de secours peuvent s'entendre pour ériger à leurs frais communs un hôpital. La caisse de secours peut acquérir des biens meubles ou immeubles, contracter des obligations, intenter des procès et être citée en justice. Les caisses de secours règlent leur conduite d'après un statut modèle composé et publié par le conseil général des assurances ouvrières. Elles peuvent y introduire également certaines modifications. Elles sont autorisées à créer à leurs propres frais des ambulances, ainsi que des hôpitaux et des asiles pour les femmes enceintes. Elles peuvent aussi s'entendre avec les autorités municipales et les conseils des districts et des départements pour le placement de leurs malades et estropiés dans des hôpitaux entretenus aux frais de ces municipalités ou conseils généraux. Il ne leur est pas interdit de recourir dans ce même but au service d'hôpitaux privés.

Le secours médical prêté par les caisses de secours est gratuit. Y ont droit : 1° les malades de deux sortes : ceux dont la maladie ou la blessure n'a pas eu pour conséquence la perte de la capacité au travail et 2° ceux qui se trouvent dans le cas contraire. Les premiers ne reçoivent les soins médicaux qu'aussi longtemps que dure leur contrat avec le patron, les seconds jusqu'à leur entière guérison, mais dans tous les cas pas plus de quatre mois.

Tous les frais du traitement retombent sur le propriétaire de l'entreprise, et c'est à lui que revient le choix entre le traitement des malades et des infirmes dans les hôpitaux de la ville, du district ou du département on encore dans ceux qu'il a lui-même établis et qu'il entretient à ses frais. La somme prélevée par jour pour l'entretien et le traitement d'un malade est fixée d'avance pour deux ans par le bureau administratif (on dit en russe prisoutstvie) qui règle les questions d'assurances ouvrières au sein d'une province ou département.

En dehors des soins médicaux, le malade ou l'infirme reçoit également des secours en argent. Ces secours sont fournis non par le patron, mais par la caisse de secours dans les proportions suivantes : aux gens mariés on donne les deux tiers de leur salaire journalier s'ils vivent sous le même toit qne leurs enfants tant légitimes qu'illégitimes ou encore des enfants adoptifs, des frères et des sœurs, un père et une mère. Dans le cas contraire, on n'a droit qu'à la moitié du salaire. Les femmes enceintes reçoivent pendant les quatorze jours qui précèdent leur délivrance la moitié de leur salaire. En cas de mort on paie aux héritiers du défunt 20 ou 30 fois le montant de son salaire pour couvrir les frais de l'enterrement.

Chacun des membres d'une caisse de secours lui remet annuellement une somme, dont le montant est fixé d'avance par la réunion plénière. Cette somme ne doit pas dépasser régulièrement 1 ou 2 o/o de son gain annuel.

Mais dans le cas où le nombre de personnes affiliées à la même caisse ne dépasserait pas 400 personnes, leurs annuités pourront s'élever à 3 o/o de leur revenu.

Quant au patron, il paie à la caisse les deux tiers de la somme versée par l'ensemble des membres qui lui sont affiliés. La caisse de secours aux ouvriers malades et infirmes est gérée par la réunion plénière de tous les assurés et par un comité de direction présidé par lui. L'ensemble de personnes faisant partie d'un même comité ne doit pas dépasser 100. Les représentants du patron, indépendamment de leur nombre disposent des deux tiers des voix. Les réunions plénières des assurés d'une caisse de secours doivent être annoncées d'avance à la police. Elle peut y envoyer son délégué.

Quant au comité exécutif, il est formé de membres élus et de membres nommés par le patron. Les premiers doivent l'emporter en tant que nombre sur les seconds, de façon à avoir une voix de majorité. Les femmes sont admises aux élections et peuvent faire partie du comité exécutif.

La loi crée des organes spéciaux pour l'exécution de ses prescriptions ; ce sont la commission ou plutôt le Conseil central d'assurances et les commissions ou conseils régionaux. Ces derniers constituent une juridiction de première instance pour l'examen de toutes les contestations survenues entre patrons et ouvriers, à la suite de l'application des lois d'assurances. Les conseils régionaux sont composés de patrons, d'ouvriers et de fonctionnaires sous la présidence d'un employé de la couronne.

Le conseil central connaît en appel des décisions rendues par les conseils régionaux. C'est à lui qu'incombe également l'obligation de rédiger les statuts modèles d'assurances ouvrières, ainsi que l'acceptation ou le rejet des modifications introduites dans ces statuts modèles par les « caisses de maladies » qui se sont constituées dans telles ou telles régions.

Il m'est impossible d'entrer dans de plus amples détails. Vous trouverez le texte des lois russes d'assurances ouvrières traduit en français dans le *Bulletin des assurances sociales*, année 1913, n° 4. Ce Bulletin paraît à Paris et son rédacteur en chef est M. Fuster, chargé de cours au Collège de France.

Ce n'est que le 23 juin 1912 que la loi des assurances ouvrières fut promulguée. Il est par conséquent difficile de dire à quel point elle sera viable. Les ouvriers n'ont pas l'air de la goûter beaucoup. Leur salaire étant mince, ils n'envisagent pas sans frayeur un prélèvement de 1, 2 et même 3 o/o sur le montant de 255 roubles par an qu'ils touchent en moyenne.

On ne comptait au 13 décembre 1913 que 517 caisses de secours ayant ouvert leurs opérations. 2.080 ont eu leurs statuts confirmés par les autorités, mais leurs membres ne se sont pas encore réunis en assemblées plénières et pour cette raison n'ont pas encore de comités exécutifs. Les autres caisses au nombre de 521 n'ont commencé qu'à se constituer.

On compte que le nombre total des caisses de maladies ne sera pas inférieur à 3.402.

Dans plus d'une province les gouverneurs ou préfets ne demandent point à les voir paraître de si tôt. On craint que les réunions plénières des assurés ne deviennent le foyer de réclamations sociales ou politiques.

La loi des assurances ouvrières est loin d'être la seule loi sociale dont les Chambres russes se soient préoccupées depuis 1905.

Le sort des employés dans les maisons de commerce et les boutiques nous intéresse vivement depuis de nombreuses années. Le gouvernement s'est cru autorisé à résoudre certaines questions qui les concernent par le moyen d'un édit. Cet édit ne peut devenir une loi que s'il est accepté par les Chambres. Nous n'en sommes pas encore là. Mais certaines dispositions de cette mesure d'origine administrative sont déjà entrées dans nos mœurs.

J'entends parler de l'obligation du repos dominical. Les maisons de commerce et les boutiques restent fermées le dimanche et les jours de fête jusqu'à une heure de l'après-midi. Tout travail cesse à six heures du soir.

Un détail à noter. Le législateur russe s'est inspiré de votre exemple pour demander que dans les magasins, où le service est fait par les femmes, un certain nombre de sièges soit mis à leur disposition. Le Conseil de l'Empire s'occupe en ce moment d'un projet de loi sur l'embauchage des commis. Comme membre de la commission élue pour l'étude préalable de ce projet, je puis certifier que d'ici à quelques mois il sera accepté par les deux Chambres. Ce qui le caractérise, c'est le devoir imposé aux parties contractantes de signer leurs engagements par écrit.

Les contrats de louage de services dans le cas où les appointements ne dépassent pas la somme de mille roubles, ou 2.660 francs, sont libérés de tous droits de patente. Les signataires n'auront qu'à y coller un timbre de la valeur de 1 ou de 2 francs.

Parmi les nombreux projets de loi qui ont pour but d'introduire des améliorations dans les conditions d'existence des classes populaires et notamment des ouvriers, il n'y en a guère de plus importantes que celles qui doivent remédier aux deux fléaux dont souffrent le plus les classes laborieuses : l'ignorance et l'ivrognerie. Depuis 1905 la question de l'instruction primaire gratuite est mise à l'ordre du jour. Tous les ans nos Chambres législatives augmentent leurs subsides au ministère de l'instruction publique afin de lui permettre de bâtir de nouvelles écoles primaires. Une dizaine de millions de roubles est annuellement répartie entre les conseils généraux de nos départements ou provinces, et leur permet d'entretenir un nombre de plus en plus grand d'écoles primaires. Quelques millions sont également accordés au clergé pour l'entretien d'écoles de paroisses dirigées par des prêtres, mais dont les programmes scolaires correspondent plus ou moins à ceux imposés par le ministère de l'instruction publique. Dans une vingtaine d'années le nombre des illettrés en Russie sera probablement fort réduit, les conseils généraux ayant beaucoup fait pour répandre l'instruction dans les campagnes et les conseils municipaux, tout particulièrement ceux des deux capitales, rivalisant de zèle avec ces assemblées électives, en ce qui concerne l'établissement de nouvelles écoles primaires, ainsi que d'écoles normales. Le reproche qu'on pourrait adresser à la rigueur à notre système d'enseignement primaire, c'est qu'il n'embrasse qu'un petit nombre de mois ; les écoles primaires restent fermées pendant l'été et les examens se font à la fin de la seconde année. Aussi la nécessité d'écoles primaires supérieures se fait-elle sentir de plus en plus.

Deux mots encore sur la lutte contre l'alcoolisme,

entamée par nos Chambres législatives. Depuis l'ouverture de la troisième Douma il n'est question que de rendre le peuple russe sobre et cela malgré l'avis de saint Vladimir, le Clovis russe, qui était d'avis que la Russie trouvait sa joie dans la boisson. Ce mouvement est sorti des rangs mêmes du peuple. Un paysan de Saratov, Tchelishev, en a été l'initiateur. Soutenu par le clergé et par toutes les organisations de tempérance qui existent dans l'Empire, il a apporté à la tribune de la Chambre sa foi ardente dans la possibilité de combattre l'ivrognerie par des mesures législatives.

Sa propagande eut un réel succès. Elle a abouti à l'élaboration d'un projet de loi qui entre autres mesures de combat contre l'alcoolisme recommande les suivantes : 1° les assemblées communales sont autorisées à demander au gouvernement la fermeture de boutiques et de débits de vin ; 2° dans les écoles tant primaires que secondaires un enseignement régulier sera fait quant aux effets fâcheux de l'alcool ; 3° il sera défendu de vendre de l'alcool en petites quantités sinon aux malades, munis d'ordonnances médicales ; 4° on diminuera la quantité d'alcool contenu dans l'eau-de-vie ; 5° des mesures de rigueur seront dirigées contre ceux qui vendent l'eau-de-vie en dehors des débits de boisson entretenus par l'État lequel en Russie possède le monopole de production de l'alcool.

Je m'abstiens de plus amples détails. Les débats viennent à peine de commencer, et plus d'un d'entre nous se demande quel est le sort réservé à la loi dans l'assemblée plénière du Conseil de l'Empire.

La conclusion qui se dégage de l'ensemble des faits que je viens d'exposer me paraît être celle-ci. Fort intransigeant dans les questions d'ordre politique, imbu d'idées conservatrices et quelquefois franchement réactionnaires, le Conseil de l'Empire témoigne d'une plus grande condescendance envers les désirs de la Douma quand il s'agit de questions d'ordre social. Je ne désespère point par conséquent que, même sous le régime d'une loi électorale qui n'accorde le droit de vote qu'aux propriétaires, et avec une Chambre haute dont la moitié des membres est composée de hauts dignitaires de l'Etat, nous arrivions tout de même à faire quelque bonne besogne. Du moins, se fera-t-elle dans le domaine de la protection légale des ouvriers contre l'ignorance, l'ivresse et l'exploitation de leur travail par les détenteurs du capital.

SEPTIÈME LEÇON

LA QUESTION DES NATIONALITÉS EN RUSSIE

On demande généralement au conférencier pourquoi il a choisi tel ou tel sujet plutôt qu'un autre.

Il me sera aisé de vous dire à quoi tient la préférence que j'ai donnée à la question des nationalités en Russie.

Dans ces dernières années le mal qui nous ronge n'est autre que l'excès de nationalisme. Vous me direz qu'on le trouve partout, tant en Allemagne, qu'en Italie ou en France. Nous devons même aux Français le nom de chauvinisme, qu'on emploie pour désigner une certaine façon d'aimer et de glorifier son pays.

Eh bien, je dois vous dire qu'il n'y a rien de commun entre cette exaltation de la commune patrie lorsqu'il s'agit de l'opposer aux pays étrangers et le nationalisme tel qu'on l'entend depuis quelques années en Russie.

Le sentiment d'unité nationale qui a amené les diverses principautés de l'Italie ou de l'Allemagne à former un seul royaume et un seul Empire, n'ont également rien de commun avec cette aversion du Grand Russe pour le Polonais, le Finlandais, l'Allemand, le Juif, l'Arménien, qui l'a poussé à commettre bien des injustices vis-à-vis de ses concitoyens d'autre race et d'autre religion.

Quand on déclare chez vous que la France doit être aux Français, on ne tient pas à exclure par là quiconque est d'origine française ou admis aux droits de citoyen français.

Il n'en est guère ainsi quant à ceux qui se disent nationalistes russes. L'égalité devant la loi n'est point le principe qui règle leur conduite. Ils demandent au contraire le maintien ou l'établissement de lois d'exceptions au détriment de tous les autres peuples de l'Empire russe, ou du moins d'un certain nombre d'entre eux. J'ai été agréablement surpris le jour où un des chefs du parti nationaliste est venu me dire à la Douma, que ses amis politiques étaient d'avis qu'il fallait tout de même établir des différences entre les allogènes, qu'il était ridicule de s'attaquer à certains d'entre eux, vu l'attitude paisible qu'ils gardent vis-à-vis des « vrais Russes », c'est-à-dire des familles grandes russiennes.

C'était certainement un progrès, seulement on s'est contenté jusqu'ici de la simple proclamation de ce principe. Il est d'ailleurs fort douteux. Je ne vois vraiment pas comment on s'y prendrait pour établir ces différences.

Est-il bien certain, par exemple, que les Allemands de Russie nous aiment sincèrement, alors que nous sommes détestés par les Polonais malgré notre communauté d'origine avec eux. Ne serait-il pas préférable d'acquérir les sympathies de tous les peuples que le sort a mis sous notre puissance en étendant à tous nos concitoyens sans distinction de race et de religion le principe de l'égalité de droit.

C'était là certainement le sentiment des fondateurs de l'Empire russe.

§ 1er

Alors que Pierre-le-Grand et Catherine II étendaient les limites de la Moscovie en incorporant dans l'Empire, le premier — les provinces baltiques et la province suédoise, appelée Ingermanland, la seconde — les provinces de l'Ouest et de la Nouvelle Russie, il ne venait à l'esprit de personne d'établir des différences en ce qui concerne la jouissance de droits individuels entre les habitants des pays nouvellement annexés à l'Empire et ceux qui depuis de nombreux siècles avaientfait partie de la Moscovie. Pierre comptait au nombre de ses collaborateurs des Allemands, des Suédois, des Polonais et des Juifs. Brusse et Bauer avaient combattu à ses côtés à la célèbre bataille de Poltava et parmi ses favoris on peut citer un fameux Polonais d'origine juive, le procureur Jagoujinsky. Quant à Catherine, imbue qu'elle était d'idées françaises, amie de Voltaire, adepte de Montesquieu et de Beccaria, elle faisait insérer dans le texte de nos lois les paroles mémorables que voici. « Tous les peuples de l'Empire sont appelés à adresser chacun dans les temples qui lui sont propres et dans sa langue maternelle des vœux pour le bien-être de l'Etat russe et de ses souverains ».

Le 27 mars 1809, Alexandre Ier, à la suite de fréquents conciliabules avec des patriotes finlandais, et, après une guerre heureuse avec la Suède, à laquelle il réussit à enlever le grand duché de Finlande, signa à Borgo l'acte mémorable suivant : « Ayant reçu par le décret du Très Haut le grand duché de Finlande, nous sommes désireux de confirmer par le présent acte le libre exercice de la religion (protestante), les lois fondamentales du duché, les droits et les privilèges dont, en conformité avec leurs constitutions, ont joui jusqu'ici chacun des ordres en particulier et tous les habitants du duché dans leur ensemble, tant les grands que les petits. Nous promettons de maintenir ces avantages et ces lois en pleine force sans aucun changement ».

L'égalité de droits avec les sujets russes a été accordée par Alexandre Ier aux Géorgiens du Caucase qui, volontairement, s'étaient soumis à sa puissance. Sans reconnaître aucune autonomie à l'ancien royaume et aux diverses nationalités qui en faisaient partie, Alexandre Ier ne témoigna par aucune parole de son désir de leur retirer les droits dont jouissaient les habitants des autres provinces de l'Empire.

Un fait généralement connu est celui de l'octroi par Alexandre Ier d'une constitution au royaume de Pologne, qui revint à la Russie par une décision prise par le congrès de Vienne.

La crainte que les autres sujets de l'Empire, en portant leur domicile dans le Duché de Finlande ou dans le Royaume de Pologne, n'arrivent à acquérir d'autres droits politiques, que ceux reconnus aux habitants des provinces russes, fut probablement la cause déterminante de l'absence complète, dans nos lois, d'un principe généralement admis par le droit public des Etats européens. Ce principe veut que dans les provinces annexées, la généralité des sujets de l'Etat conquérant possèdent les mêmes droits civils que les indigènes de ces provinces. C'est ainsi que les Français, sous l'ancien régime, pouvaient acquérir des biens fonds, tant en Dauphiné que dans les Trois Évêchés ou encore en Alsace, ni plus ni moins, que les personnes originaires de ces provinces. Contrairement à cette règle de droit plus ou moins reconnue dans toute l'Europe, les Russes, à moins d'être admis au nombre des citoyens du Grand Duché, ne pouvaient y exercer la plénitude des droits civils. Il a fallu que les chambres législatives finlandaises votassent une nouvelle loi qui accorde aux Russes le droit d'aquérir des biens immobiliers dans les limites du duché, pour que cette égalité de droits civils fût à la fin des fins reconnue à leur profit.

§ 2.

De toutes les nationalités de l'Empire, la seule qui dut se plier à des restriotions de domicile fut la nation juive. Ses membres n'étaient pas admis à pénétrer dans les limites de la Moscovie. Le jour où la Petite

Russie, sous le fameux hetman Bodgan Chmelnizky, vint de son propre gré unir ses destinées à celles de la Grande Russie, devait nécessairement surgir la question de savoir si les Juifs, très nombreux en Pologne et dans la Petite Russie qui en avait fait partie, seraient également autorisés à vivre dans toutes les provinces de la Moscovie. Les tzars, depuis Pierre II, se prononcèrent contre une telle « liberté de séjour ». Quant aux juifs, déclara le fameux oukaze du jeune empereur, ils ne sont autorisés à résider qu'en Petite Russie (a Jidam jit v Malorossii). C'est ainsi que de toutes les nationalités faisant partie de l'empire les Juifs furent seuls privés du droit de choisir librement leur domicile. Ils sont forcés de rester dans les limites de certaines provinces ou « gouvernements » qui forment ce qu'on appelle la zone de domicile pour les Juifs (cherta evreiskoi osedlosti). Même dans l'intérieur de cette zone ils n'ont pas le droit de se fixer dans les villages. C'est là un principe que le législateur russe a tiré de ce fait, qu'en 1780, lors de l'annexion de certaines parties de la Pologne à l'Empire, les Juifs qui y résidaient furent déclarés appartenir en bloc à l'ordre des marchands et artisans. Or, le lieu de résidence de cet ordre est les villes et non les villages. Les paysans seuls comme attachés à la glèbe étaient classés parmi les habitants des campagnes. Quant au tiers état, dans les rangs duquel furent classés les juifs, on fixa son lieu de résidence dans les villes et on l'empêcha de transférer son domicile dans le plat pays. Ce fut là une nouveauté des plus oppressives pour les Juifs, car aussi longtemps qu'ils étaient restés sujets polonais, ils avaient eu le droit de circuler librement dans les limites du royaume et de s'établir tant à la campagne qu'en ville. Le gouvernement russe, à la fin du XVIIIe siècle, vu les fréquentes protestations des Juifs contre ce nouvel ordre de choses, finit par céder. Dans les confins de la Russie Blanche, composée d'un certain nombre de nos provinces de l'Ouest, les Juifs obtinrent le droit de résidence tant dans les campagnes que dans les villes, de pair, d'ailleurs, avec les marchands polonais. Les Juifs furent également autorisés à s'inscrire sur les listes des marchands tant à Smolensk qu'à Moscou. Mais cette faveur ne fut que de courte durée. Les marchands moscovites se prononcèrent en 1790 contre le maintien ultérieur de ce privilège établi en faveur des Juifs. Ils prétendirent que leur commerce souffrait de la concurrence qui leur était faite par les Juifs. Le Sénat leur donna raison en déclarant que, conformément aux lois, les Juifs étaient privés du droit de s'établir dans les villes en général et les ports de mer en particulier et que rien d'ailleurs ne prouvait l'utilité d'un pareil établissement de colonies juives sur les confins de la Grande Russie. Il suffit aux Juifs d'être admis à la jouissance des droits de citoyens et d'artisans dans la Russie Blanche. A la rigueur, on pourrait encore étendre ce privilège à quelques autres provinces, celle d'Ekaterinoslav ou celle de la Tauride (c'est-à-dire la Crimée). En se conformant à ces vœux, la loi de 1791 ou plutôt le décret impérial, ayant force de loi, déclara que les Juifs étaient privés du droit de s'inscrire au nombre des marchands dans les villes et ports de la Grande Russie, la Russie Blanche exceptée. L'empereur Paul, tout en confirmant les anciennes lois qui mettaient obstacle à la libre circulation des Juifs, crut utile d'admettre ces derniers sur les confins de la Nouvelle Russie et de la Tauride. Un nouvel oukaze, celui de 1794, confirma aux Juifs le droit d'exercer le commerce et l'industrie dans les régions énumérées plus haut, ainsi que dans les provinces nouvellement enlevées à la Pologne. Lors du troisième partage de cette dernière, la province de Vilna et la Lithuanie furent également comprises au nombre des pays où les Juifs étaient admis à élire domicile. La Petite Russie avec les provinces de Kiev, Tchernigov et Novgorod Seversk, vint compléter la liste. Depuis 1829 et 1835, le Caucase et la Bessarabie furent également ouverts aux Juifs. Quant au royaume de Pologne, lequel, depuis le Congrès de Vienne, fait partie de l'Empire russe, les Juifs sont autorisés à y résider mais à condition de ne point sortir des limites des dix gouvernements ou provinces qui le composent. Il fut, d'autre part, interdit aux Juifs des provinces russes de pénétrer sur les confins du royaume de Pologne. Il faut tenir compte de ces mesures si on veut comprendre la raison pour laquelle les Polonais ont tout récemment déclaré la guerre aux Juifs venant des provinces de l'Empire, alors qu'ils continuent à vivre en paix avec ceux depuis longtemps établis sur les confins du royaume. Des faits analogues se sont produits en France dans le courant du XVIIIe siècle, alors que les Juifs de Bordeaux protestaient, de pair avec les catholiques, contre l'extension de leurs privilèges aux Juifs de l'Alsace, pays récemment annexé et ayant fait partie de l'Empire germanique. Ce n'est que depuis 1868 que les Juifs russes furent autorisés à passer la frontière du royaume de Pologne et à y fixer leur résidence.

Cela une fois dit, nous devons insister sur ce fait que, même dans les limites de la zone ouverte à l'établissement des Juifs, c'est-à-dire dans la limite de la Pologne, de la Lithuanie, de la Russie Blanche, de la Nouvelle Russie et de la Petite Russie, les villages restent fermés aux Juifs et ceux d'entre eux qui s'y sont fixés peuvent en être expulsés de force. La loi de 1872 a confirmé les anciennes mesures législatives prises à ce sujet. On ne fit d'exception que pour la Russie Blanche, où, dans l'intérêt des propriétaires fonciers, les Juifs furent autorisés à prendre du service dans les distilleries et les débits de boissons établis dans les villages sur les terres des ci-devant seigneurs. Il serait fastidieux d'énumérer toutes les mesures législatives, par lesquelles les Juifs furent tantôt gratifiés, tantôt privés du droit d'affermer les distilleries et les débits de vins situés dans les campagnes et appartenant aux propriétaires fonciers. Je me contenterai de dire qu'à l'avènement d'Alexandre III de nouveaux décrets ou plutôt des arrêtés ministériels, ayant reçu force de loi, mais seulement pour un certain nombre d'années et qui continuent tout de même à être appliqués de nos jours, défendirent de rechef aux israélites de séjourner ailleurs que dans les villes. On alla même jusqu'à diminuer le nombre de localités où les Juifs avaient le droit de s'établir.

Il ne fallait pour cela que transporter de la liste des villes dans celles des villages certains bourgs, dont le commerce avait déchu et qui ne gardaient plus qu'un petit nombre d'habitants. Or, c'est le cas de bien des bourgs de l'Ouest et du Midi. Car l'attraction des grandes villes et des centres d'industrie n'est pas moins grande en Russie que partout ailleurs. Pour cette raison plus d'une ville d'arrondissement dépérit et ne retient plus qu'un nombre d'habitants inférieur à celui des villages voisins. Le gouvernement en tira parti ponr porter un certain nombre de ces bourgs dans la liste des villages, afin de diminuer le nombre de localités ouvertes aux Juifs. Dans le même but on réduisit dans les villes elles-mêmes les limites de l'agglomération urbaine en inscrivant plusieurs de ses bourgs dans la liste des villages. Les nouveaux quartiers au lieu d'être introduits dans les limites de la ville furent classés avec les campagnes circonvoisines et les israélites n'y furent plus admis à domicile.

Ce n'est que depuis 1903, sous le règne de l'empereur actuel, qu'une tendance tout opposée s'est manifestée dans les actes du gouvernement. Deux cents localités furent, par exception, autorisées à recevoir des Juifs ; quelques mois plus tard, 57 autres communes rurales reçurent la même liberté. La loi du 11 août 1904 autorisa tous les Juifs ayant reçu une instruction dans les universités et les hautes écoles, placées au même rang que les universités, à fixer leur domicile à leur propre choix et sur toute l'étendue de l'Empire. Le même privilège fut accordé à leurs femmes et enfants. On les autorisa en même temps à garder avec eux un certain nombre de domestiques et de commis de religion juive. Plus d'un en profita pour garder chez lui ses parents ou alliés, mais à condition de les inscrire au nombre de ses commis ou domestiques. A côté des licenciés d'origine juive, nous comptons au nombre des privilégiés, les marchands juifs appartenant à la première guilde et obligés comme tels de faire des versements assez élevés au Trésor. Le nom de guilde correspond à celui de corporation de métier ; il est emprunté à l'allemand. Les mécaniciens, les distillateurs, les brasseurs, les maîtres des arts libéraux et les artisans, aussi longtemps qu'ils exercent leur métier, jouissent de la même faveur que les marchands. Il en est de même de ceux des juifs qui ont fait leur service militaire en qualité d'officiers ou de soldats. Ceux qui restent encore dans les rangs de l'armée et ont reçu des grades ou des décorations pour leur service actif pendant la guerre de l'Extrême-Orient, peuvent fixer leur domicile où bon leur semble. Les marchands juifs inscrits dans la seconde classe ou guilde ne peuvent résider dans les provinces intérieures de l'Empire plus de trois mois. Le même droit est reconnu à ceux de leurs commis, qui sont munis d'un mandat personnel, de la part de leur patron. Plus d'un écrivain russe d'origine juive a dû se procurer un semblable certificat pour venir à Saint-Pétersbourg. Je connais un cas de cet ordre : celui de M. Aisman, un de mes collaborateurs, le plus hautement apprécié par la direction de la revue mensuelle intitulée *Le*

Messager de l'Europe. Un autre détail également curieux à noter. Le chiffre des Juifs admis aux écoles supérieures ne doit pas dépasser 3 o/o du nombre de tous les étudiants inscrits dans les universités des deux capitales, de 5 o/o dans les universités de province et de 10 o/o dans celle de Varsovie.

Ceux qui, en dehors de ces privilégiés, voudraient suivre des cours d'enseignement supérieur même à titre de simples auditeurs libres, sont forcés de se munir d'un certificat de commis. Souvent la police s'attaque à ces derniers en prétendant qu'un bon commis n'a guère le loisir de suivre des cours. J'ai dû intervenir en personne devant l'ancien ministre de l'intérieur, M. Makaroff, pour l'inviter à donner à ses subalternes l'ordre de ne plus inquiéter ces jeunes gens qui avaient rempli toutes les formalités exigées par la loi et qui souvent étaient venus de fort loin dans le seul but de s'instruire.

Pendant quelque temps les apprentis dentistes d'origine juive ont été admis à résider dans les régions fermées aux autres Juifs. A la suite de la fameuse affaire Beilis, la police de Kiev s'est occupée à les déloger. On les force à rentrer dans les limites de la zone, où les Juifs sont admis à domicile.

Le nombre d'étudiants juifs étant fort restreint, on avait pris le parti de faire entrer dans nos hautes écoles ceux d'entre eux qui avaient subi leur examen de bachelier avec le plus de succès. Le ministre actuel de l'instruction publique trouva qu'il était humiliant pour la jeunesse chrétienne de se voir dépasser par des israélites. Aussi à l'heure actuelle des candidats juifs tirent au sort sans que personne se soucie des notes qu'ils ont reçues à leurs examens de bachelier.

§ 3.

Le sort fait aux Arméniens du Caucase pendant un certain temps ne fut pas sensiblement meilleur que celui des Juifs.

Le lieutenant général du tzar au Caucase, le prince Grégoire Golizin était arrivé à accepter la légende qu'on fait courir sur les Arméniens et qui prétend que ces derniers veulent se séparer de l'Empire et fonder un état indépendant. Cette légende est d'autant plus absurde que les Arméniens sont clairsemés au Caucase et vivent au milieu d'autres indigènes d'origine tartare ou géorgienne. Les Arméniens, d'ailleurs, depuis Mithridate n'ont jamais formé d'Etat indépendant. C'est l'église arménienne très voisine de l'église orthodoxe grecque et russe, qui attire à elle toutes les sympathies de ce peuple fort ancien et qui joue un rôle important dans tout l'Orient, en ce sens qu'il est pour ainsi dire l'interprète des idées européennes auprès des peuples de l'Asie. Les Arméniens sont une espèce d'intermédiaires entre la civilisation moderne et les civilisations plus ou moins arriérées des indigènes du Caucase. Leur église est riche en biens-fonds et emploie une grande partie de ses revenus à subventionner des écoles primaires, où l'enseignement se fait en arménien. C'est de cela que le lieutenant-général Golizin avait pris ombrage.

Des personnes intéressées à maintenir la mauvaise entente entre l'administration russe et les Arméniens lui avaient fait entendre que si les Arméniens tenaient tant à leur propre langue et à leurs écoles indigènes, c'était par esprit de séparatisme. Sur la demande de Golizin, l'empereur Alexandre III retira à l'église arménienne l'administration de ses biens et en chargea les employés du Trésor ; ils furent appelés à gérer cette fortune et à contrôler l'emploi que l'église arménienne fait du revenu annuel de ces biens. Rarement une mesure administrative avait été plus inopportune. Elle souleva l'opinion publique arménienne contre les autorités russes. A la distance de mille kilomètres à la ronde on pouvait entendre les récriminations d'Arméniens depuis longtemps établis dans les villes intérieures de l'Empire. Tous se considéraient comme directement atteints dans leur honneur national. Le peuple arménien est un peuple paisible ; il se mêle peu à la politique, exception faite de quelques intellectuels, écrivains, professeurs, négociants, industriels, banquiers, etc., qui, en somme, ne forment que la cinquième partie des Arméniens établis au Caucase ; le reste, c'est-à-dire les quatre cinquièmes de la population arménienne, s'occupent d'agriculture et d'élevage.

Le comte Vorónzov-Dashkov, qui se trouve à l'heure actuelle à la tête de l'administration du Caucase, est le premier à reconnaître qu'une grande responsabilité retombe sur les autorités en ce qui concerne la création au Caucase d'un courant d'idées très hostile aux Russes. Ce courant fut encore naguère fort prononcé parmi ce peuple longtemps resté fidèle à l'Empire. Dans son rapport à l'Empereur, le comte Voronzov-Dashkov déclare que le mouvement nationaliste a été créé parmi les Arméniens du Caucase à la suite des mesures intempestives prises par l'administration russe. Ce mouvement qui s'était manifesté par quelques actes de terreur, s'est subitement arrêté le jour où l'Empereur actuel a bien voulu faire acte de clémence en rendant à l'église arménienne ses biens-fonds.

Des pogroms ou massacres ont suivi de près les actes de terreur accomplis par quelques Arméniens fanatisés par les mesures de répression prises par le gouvernement russe. Ces massacres eurent lieu en 1905 tant à Bakou qu'à Shousha et quelques autres localités de la Transcaucasie. Les voisins directs des Arméniens, les Tartares à moitié barbares des plaines de la Transcaucasie, firent dans les localités occupées par les Arméniens de Russie, l'œuvre accomplie en Turquie par les sauvages Kourdes. Des montagnards descendus des Hauts-Plateaux de Shousha et de Djevad se mirent à piller les villages arméniens et à malmener hommes, femmes et enfants. Nous apprenons à la lecture d'un acte d'accusation, présenté en 1913 à une cour d'assises venue siéger à Elisabethpol, qu'à Minkend, dans l'arrondissement de Zanzegour, des familles entières d'Arméniens furent massacrées. On ne faisait grâce et merci à personne. En dehors de 250 Arméniens adultes, 30 enfants trouvèrent la mort dans cette razzia.

Alors que M. Stolypine était chef du gouvernement

russe en qualité de président du Conseil des ministres, un procès monstre occupa longtemps l'opinion publique tant au Caucase qu'en Russie. Un grand nombre d'Arméniens s'étant procuré des armes afin de pouvoir se défendre contre les Tartares, leurs voisins, on inculpa ces Arméniens de préparer un soulèvement général contre le pouvoir russe.

Des centaines d'Arméniens appartenant au parti connu sous le nom de Dashnackzoutun, furent cités à comparaître, il y a deux ans, devant une haute cour composée des membres suivants : d'un sénateur-président, d'un certain nombre de juges de Cassation, du maréchal de la noblesse, du maire et du starosta ou ancien du canton (volost) dans la campagne qui environne Saint-Pétersbourg. Ce procès auquel j'eus l'occasion de prendre part en qualité de témoin, se termina par la condamnation à des peines de réclusion pour un certain nombre d'années d'une trentaine d'inculpés. Les autres furent acquittés. Car on finit par découvrir que le juge d'instruction, Lijin, avait commis des faux, grâce auxquels une série de procès, d'importance inégale, furent considérés comme faisant partie d'un seul tout : d'un complot ourdi dans le but avéré de détacher les provinces arméniennes de l'Empire et d'en faire un Etat indépendant. Dans son récent rapport à l'Empereur le comte Voronzov-Dashkov écrit que ce procès a été intenté à son insu, que malgré ses protestations on trouva bon de juger les prévenus non au Caucase, où les faits incriminés se sont passés, mais à Pétersbourg, et que tout se termina par un bluff fâcheux et qui n'était pas fait pour augmenter le prestige du pouvoir russe au Caucase.

Je suis heureux de pouvoir dire que ce fut là la dernière erreur commise par le gouvernement russe dans ses rapports avec les Arméniens du Caucase. On peut juger des bonnes relations qui ont fini par s'établir avec les indigènes du pays et tout particulièrement avec les Arméniens, par ce que nous en dit dans son rapport au tzar le comte Voronzov-Dashkov. Les Arméniens, loin de se déclarer hostiles à l'enseignement du russe dans les écoles, maintenues aux frais de l'église arménienne, sont, écrit-il, les premiers à en multiplier les leçons ; car leur propre intérêt les pousse à acquérir la connaissance d'une langue parlée par les cent soixante millions d'habitants que compte la Russie. Cela n'empêche pas qu'ils s'adonnent en même temps à l'étude de leur propre langue et qu'ils tiennent à cœur de sauvegarder les divers éléments dont se compose le fond de culture nationale qui leur fut légué par leurs ancêtres. Un député arménien, M. Papadianov, de Bakou, à la séance du 6 juin 1913, a déclaré à ses collègues de la Douma qu'il n'existe plus de question arménienne au Caucase et le peuple arménien envisage avec joie le jour où l'Empire russe voudra bien s'occuper d'assurer un meilleur sort à ceux de ses compatriotes, qui résident en Turquie.

§ 4.

Si la question arménienne n'existe plus en Russie, il n'en est guère de même de la question polonaise.

Au contraire, elle revient sur le tapis presque tous les mois de l'année.

A l'époque de la crise intérieure qui a suivi de près la malheureuse guerre de la Russie avec le Japon, certains partis et notamment les constitutionnels démocrates et ceux qui en étaient le plus proches, exprimèrent ouvertement leur avis sur la nécessité de reconnaître au royaume de Pologne une certaine autonomie. De cette façon, croyaient-ils, on arriverait à résoudre un conflit qui dure depuis plusieurs siècles. Le royaume de Pologne resterait au sein de l'Empire en qualité de province autonome, ni plus, ni moins, que l'est la Galicie vis-à-vis de l'Empire des Habsbourg. Ces rêves, qui d'ailleurs n'ont rien d'irréalisable, ne furent que le songe d'une nuit d'été. La première Douma fut dissoute à l'entrée de l'automne et personne ne douta plus que le projet non encore formulé d'institutions autonomes pour la Pologne russe avait vécu. Mais ce à quoi on ne s'attendait guère, c'est à voir le gouvernement russe enfreindre le principe d'égalité des droits politiques, qu'il avait lui-même proclamé. Après la dissolution de la seconde Douma, qui ne se fit point attendre, le gouvernement fit paraître une nouvelle loi électorale. Cette loi réduisit de moitié le nombre des députés que la Pologne est appelée à envoyer à la Douma. Il fallut dès lors en Pologne pour l'élection d'un représentant un nombre double de votants.

Cette injustice augmenta le mauvais vouloir des Polonais vis-à-vis des Russes. Quelques années avant la crise, bientôt après l'avènement au trône de l'empereur actuel, le prince Emeretinsky, mis à la tête de l'administration russe du Royaume, avait su se rendre populaire en diminuant la rigueur avec laquelle on avait appliqué jusque-là certaines mesures restrictives dirigées contre les écoles primaires et les lycées, leur interdisant notamment de faire usage du polonais dans l'enseignement. Au moment de la crise, que traversa l'Empire en 1905 et 1906, personne parmi les Polonais ne voulut suivre les cours faits à l'Université de Varsovie en langue russe ; on agita même la question de transporter cette Université sur les confins de la Russie d'Europe et de l'établir, les uns disaient — à Saratov, les autres — à Vilna. Depuis on a rouvert les portes de cette Université et un certain nombre d'étudiants polonais y sont rentrés en se conformant à l'appel chaleureux de leur compatriote à la Douma, M. Dmovsky. Ce dernier se rendait compte de toutes les difficultés que la jeunesse polonaise des écoles rencontre dans les universités de l'Allemagne, qui finirent, il y a de cela quelques mois, par se fermer pour elle. Il crut, par conséquent, accomplir un devoir en recommandant à ses compatriotes de rentrer dans le pays et de continuer leurs études supérieures même en russe.

L'irritation causée par les mesures restrictives prises quant au nombre de représentants polonais dans les chambres législatives russes était à son déclin, lorsque le gouvernement présidé par M. Stolypine trouva opportun d'introduire deux nouvelles lois qui, à un titre égal, devaient mécontenter les Polonais.

La première avait pour but de diminuer le nombre des Polonais envoyés comme représentants au Conseil d'Empire par les provinces de l'Ouest, en partie peuplées de Polonais. Le gouvernement proposa dans ces régions de population mixte, de créer deux assemblées électorales distinctes, une pour les Polonais catholiques et l'autre pour tous ceux qui ne l'étaient pas, y compris les Allemands de religion luthérienne et les Juifs. Chaque assemblée appelée curie ne devait élire ses représentants que dans son propre sein. Ce projet fut rejeté pour diverses raisons par la Douma et le Conseil d'Empire. M. Stolypine passa outre, interrompit pour deux jours les séances des deux Chambres législatives, créa de la sorte un état intermédiaire entre deux sessions et la veille d'une nouvelle réunion des Chambres introduisit sous la forme d'un édit la réforme projetée.

Les nouvelles élections, qui eurent lieu en conformité avec cet édit, amenèrent au Conseil le tiers seulement des Polonais qui y avaient siégé ; les deux tiers de tous les sièges qui reviennent aux provinces de l'Ouest furent occupés par des Russes. En même temps que cette réforme, M. Stolypine en médita une autre. Il s'agissait cette fois de diminuer l'étendue du royaume de Pologne et de former une nouvelle province russe de localités polonaises occupées par des Petits Russiens. On donna à cette province le nom de Cholm, sa ville principale, et on la rattacha au nombre des provinces placées sous la haute direction du ministre de l'intérieur. Ce projet de loi passa malgré une énergique opposition de toutes le gauches, tant à la Douma, qu'au Conseil de l'Empire. Les Polonais se sentent blessés dans leur honneur national et parlent de la réforme comme d'un nouveau et quatrième partage de la Pologne. On leur fit espérer qu'une certaine satisfaction leur serait donnée par l'établissement d'un self-gouvernement local et qu'on commencerait par créer en Pologne des conseils municipaux et des maires élus par ces conseils.

Mais voici qu'au dernier moment le Conseil de l'Empire s'oppose à l'emploi dans les délibérations de ces conseils municipaux de toute autre langue que le russe et cela contrairement au vote de la Douma. Le projet reste en suspens et rien ne fait prévoir qu'il devienne loi dans le courant de l'année qui vient de commencer. Le même Conseil s'oppose à ce que l'enseignement dans les écoles entretenues par l'Etat se fasse dans le royaume de Pologne dans une autre langue que le russe. Même les problèmes d'arithmétique doivent être expliqués aux enfants dès leur entrée à l'école exclusivement en russe. Ceux qui n'arrivent pas à comprendre l'instituteur n'auront qu'à rester en classe une seconde année.

§ 5.

Je terminerai cette conférence par un aperçu rapide de nos récents démêlés avec les Finlandais. Au moment de la crise de 1905-1906 les Finlandais, tout en restant soumis à l'Empire, finirent par établir chez eux une espèce d'autonomie et par se donner une nouvelle constitution plus démocratique et basée sur le suffrage universel, auquel les femme prennent part. Aussitôt que le pouvoir russe se sentit assez fort pour faire entendre sa voix avec une certaine autorité, il déclara aux Finlandais que leur duché faisait partie de l'Empire et que, par conséquent, il s'agissait d'établir les rapports réciproques des deux peuples en reconnaissant que certaines questions devaient être réglées par des lois communes.

Jusque-là rien à dire, car même dans la fédération d'Etats certaines lois émanent de pouvoirs autres que ceux des cantons ou Etats particuliers. Et les rapports de l'Empire russe avec son Duché doivent nécessairement être plus étroits que ceux de la Suisse par exemple avec le canton de Lucerne ou de Vaud et de l'Union Américaine avec la Virginie ou l'Illinois, de l'Empire Allemand avec le Royaume de Bavière ou le Grand Duché de Bade.

Malheureusement, les commissaires envoyés par la diète ainsi que ceux nommés par le gouvernement russe ont montré un tel esprit d'intransigeance qu'aucun accord n'a pu s'établir. Le cabinet, présidé par M. Stolypine, prit le parti de présenter aux chambres russes un projet de loi dont le texte fut arrêté par les commissaires russes seuls. Il fut encouragé dans sa conduite par les vœux exprimés quant à la question finlandaise par l'assemblée des nobles unifiés. Le projet fut vivement combattu par l'opposition tant à la Douma qu'au Conseil de l'Empire. Dans un discours que je fis à cette occasion j'insistai sur le fait que les auteurs du projet avaient compris au nombre des questions intéressant directement l'Empire et ne pouvant, pour cette raison, être résolues autrement que par une législation commune à la Russie et à la Finlande, un grand nombre de sujets qui relèvent de droit de la compétence de la diète; tels la législation sur la presse, le droit de réunion, le régime scolaire, etc. Il nous importe à nous autres Russes, que nos concitoyens de Russie jouissent dans le Duché des mêmes droits civils et politiques que les Finlandais, que leur liberté personnelle et leur propriété soient garanties ni plus ni moins que celles des indigènes du Duché, que le paysan russe n'ait pas à payer en tout ou en partie le rachat du service militaire pour les Finlandais, rachat qui les exempte de la nécessité de donner des recrues à l'armée russe, que la succession au trône et la situation légale de l'église orthodoxe soient réglées par une législation commune, que la quote-part des impositions qui revient à la Finlande soit fixée d'un commun accord. Mais quant au reste, il faut s'en remettre aux décisions prises par la diète finlandaise. Je n'ai pas besoin d'insister auprès de vous sur ce fait que cette façon de voir ne fut pas partagée par mes collègues et que la loi fut votée à la Chambre Haute à la grande majorité des membres présents à la séance.

Depuis ce temps tous nos rapports avec les Finlandais n'ont fait qu'empirer. N'espérant point que les cours judiciaires en Finlande consentent à condamner ceux des employés indigènes qui ne voudront pas appliquer à leurs concitoyens tel ou tel article de la nouvelle loi, le gouvernement a fait traduire devant des cours russes les employés finlandais qui ont préféré ne tenir aucun compte de la loi. Ces cours les ont condamnés plusieurs fois à la détention. Mais à leur sortie de prison ces patriotes ont été acclamés par leurs concitoyens. On les traitait de martyrs et les journaux du Duché soulevaient l'indignation publique contre leurs oppresseurs. Le gouvernement russe riposta par la saisie de ces journaux et par l'imposition de fortes amendes à leurs directeurs.

La diète finlandaise n'a tenu aucun compte du droit qui lui est accordé de choisir deux députés à la Douma et un représentant au Conseil de l'Empire. Elle comprend fort bien l'impossibilité pour ce petit nombre de délégués d'exercer une influence quelconque sur la législation russe à l'égard de la Finlande. Et, en effet, que peuvent faire deux ou trois hommes, sachant à peine parler le russe dans des assemblées qui comptent plusieurs centaines de membres dont tous ignorent les conditions économiques, sociales, politiques et religieuses du Duché.

Je dois contater avec douleur que la mauvaise entente de nos deux pays persiste et s'accroît de jour en jour. Et je dois en même temps avouer que je n'entrevois pas d'issue à ce mauvais vouloir réciproque, car il est maintenu des deux côtés par un esprit étroit de nationalisme, c'est-à-dire par le plus fâcheux de tous les égoïsmes, par l'égoïsme collectif.

TABLE DES MATIÈRES

SAINT-AMAND (CHER). — IMPRIMERIE BUSSIÈRE.

HAMILTON (A.), J. JAY, et J. MADISON. — **Le fédéraliste**, nouvelle édition française, par G. Jèze, avec une préface de A. Esmein. 1902. 1 vol. in-8, broché .... 14 fr. »

KORKOUNOV (N.-M.). — **Cours de théorie générale du droit.** Préface de F. Larnaude. Trad. française de J. Tchernoff. 1903. 1 vol. in-8 broché.............................. 10 fr. »

KOVALEWSKY (M.). — **Les institutions politiques de la Russie.** Trad. française, par M. Derocquigny. 1903. 1 vol. in-8. broché. 7 fr. 50

ANSON (Sir R.). — **Loi et pratique constitutionnelle de l'Angleterre,** Trad. Gandilhon. 1903-1095. 2 vol. in-8 :
Tome I : *Le Parlement.* 1903. 1 vol. in-8. broché..... 10 fr. »
Tome II : *La Couronne.* 1905. 1 vol. in-8. broché..... 10 fr. »

MAYER (Otto). — **Le droit administratif allemand,** édition française par l'auteur. 1903-1906. 4 vol. in-8.................. 32 fr. »

NITTI (F.-S.). — **Principes de science des finances,** avec une préface de A. Wahl. Trad. de J. Chamard. 1904. 1 vol. in-8, broché. 12 fr. »

CURTI (Th.). — **Le referendum,** histoire de la législation populaire en Suisse. Trad. J. Ronjat, 1905, 1 vol. in-8, broché....... 10 fr. »

DICEY (A.-V.). — **Leçons sur les rapports entre le droit et l'opinion publique en Angleterre au cours du XIXe siècle.** Préface de A. Ribot. Trad. de A. Batut et G. Jèze. 1906. 1 vol. in-8, broché.. 12 fr. »

MOREAU (F.) et DELPECH (J.). — **Les règlements des Assemblées législatives.** Préface de Ch. Benoist. 1906-1907. 2 vol. in-8, brochés .... 30 fr. »

GOODNOW (F.-G.). — **Les principes du droit administratif des Etats-Unis.** Trad. A. et G. Jèze. 1907. 1 vol. in-8, broché .... 12 fr. »

STUBBS (W.). — **Histoire constitutionnelle de l'Angleterre,** avec introduction, notes et études de Ch. Petit-Dutaillis. 2 vol. in-8. Trad. par G. Lefebvre.
Tome I. 1907. 1 vol. in-8 broché.................. 16 fr. »
Tome II. 1913. 1 vol. in-8, broché.................. 16 fr. »

ERRERA (P.). — **Traité de droit public belge.** 1909. 1 fort volume in-8, broché .... 12 fr. 50

NERINCX (Alf.). — **L'organisation judiciaire aux Etats-Unis.** 1909. 1 vol. in-8, broché.............................. 10 fr. »

MAY (Erskine). — **Traité des lois, privilèges, procédures, et usages du Parlement.** 2 vol. in-8, brochés.................. 25 fr. »

LOWELL (A.-L.). — **Le gouvernement de l'Angleterre.** Trad. de A. Nerincx, 2 vol. in-8 :
Tome I. 1910. 1 vol. in-8, broché.................. 15 fr. »
Tome II. 1910. 1 vol. in-8, broché.................. 15 fr. »

REDLICH (J.). — **Le gouvernement local en Angleterre.** Trad. Oualid, 1911. 2 vol in-8 :
Tome I : 1911. 1 vol. in-8, broché.................. 12 fr. »
Tome II : 1911. 1 vol. in-8, broché.................. 12 fr. »

JELLINEK (G.). — **L'Etat moderne et son droit.** Trad. Fardis, 1911-1913. 2 vol. in-8 :
Tome I : Doctrine générale. 1911. 1 vol. in-8, broché. 12 fr. »
Tome II : Théorie juridique. 1913. 1 vol. in-8, broché. 12 fr. »

SÉRIE IN-18 :

TODD (A.). — **Le gouvernement parlementaire en Angleterre.** Traduit sur l'édition anglaise de Spencer Walpole, avec une préface de Casimir-Périer. 1900. 2 vol. in-18, brochés............... 12 fr. »

WILSON (W.). — **Le gouvernement congressionnel,** avec une préface de Henri Wallon. 1900. 1 vol. in-18, broché .... 5 fr. »

JENKS (Edward). — **Esquisse du gouvernement local en Angleterre.** Trad. J. Wilhelm. Préface de H. Berthélemy. 1902. 1 vol. in-18, broché. .... 5 fr. »

DICKINSON (G.-L.). — **Le développement du Parlement pendant le XIXe siècle.** Trad. et préface de M. Deslandres. 1906. 1 vol. in-18 broché .... 5 fr. »

SOUS PRESSE

OPPENHEIMER. — **L'Etat, ses origines;** 1 vol. in-18.

BIBLIOTHÈQUE INTERNATIONALE D'ÉCONOMIE POLITIQUE

PUBLIÉE SOUS LA DIRECTION DE **Alfred Bonnet**

Honorée de souscriptions du Ministère de l'Instruction publique

☛ Les volumes de cette Bibliothèque se vendent aussi reliés avec une augmentation de 1 fr. pour la série in-8 et 0 fr. 50 pour la série in-18

SÉRIE IN-8° :

COSSA (Luigi). — Histoire des doctrines économiques. Trad. Alfred Bonnet. Préface de A. Deschamps. 1899. 1 vol. broch. (I) (*Epuisé*)

ASHLEY (W.-J.). — Histoire et doctrines économiques de l'Angleterre. Trad. Bondois et Bouyssy. 1900. 2. vol. brochés (II-III). 15 fr. »

SÉE (H.). — Les classes rurales et le régime domanial au moyen-âge en France. 1901. 1 vol. broché (IV) .... 12 fr. »

WRIGHT (C.-D.). — L'évolution industrielle des Etats-Unis. Trad. F. Lepelletier. Préf. de E. Levasseur. 1901. 1 vol. br. (V) 7 fr. »

CAIRNES (J.-E.). — Le caractère et la méthode logique de l'économie politique. Trad. G. Valran. 1902. 1 vol. broché (VI) ... 5 fr. »

SMART (W.). — La répartition du revenu national. Trad. G. Guéroult. Préface de P. Leroy-Beaulieu. 1902. 1 vol. broché (VII). 7 fr. »

SCHLOSS (David). — Les modes de rémunération du travail. Trad. Charles Rist. 1902. 1 vol. broché (VIII) .... 7 fr. 50

SCHMOLLER (G.). — Questions fondamentales d'économie politique et de politique sociale. 1902. 1 vol. broché (IX)...... 7 fr. 50

BOHM-BAWERK (E.). — Histoire critique des théories de l'intérêt du capital. Trad. Bernard. 1902. 2. vol. brochés (X-XI) .. 14 fr. »

PARETO (Vilfredo). — Les systèmes socialistes. 1902. 2 volumes brochés (XII-XIII) .... *Epuisé*

LASSALLE (F.). — Théorie systématique des droits acquis. Avec préface de Ch. Andler. 1904. 2 vol. brochés (XIV-XV)....... 20 fr. »

RODBERTUS-JAGETZOW (C.). — Le capital. Trad. Chatelain. 1904. 1 vol. broché (XVI). .... 6 fr. »

LANDRY (A.). — L'intérêt du capital. 1904. 1. vol. br. (XVII) 7 fr.

PHILIPPOVICH (E.). — **La politique agraire.** Traduit par S. Bouyssy, avec préface de A. Souchon, 1904. 1 vol. broché (XVIII) .... 6 fr. »

DENIS (Hector). — **Histoire des systèmes économiques et socialistes**
Tome I : *Les Fondateurs.* 1904. 1 vol. broché (XIX).... 7 fr. »
Tome II : *Les Fondateurs* (fin). 1907. 1 vol. broché (XX) 10 fr. »

WAGNER (Ad.). — **Les fondements de l'économie politique :**

Tome I. Trad. Polack, 1904. 1 vol. broché (XXII).... 10 fr. »
Tome II. Trad. K. L. 1909. 1 vol. broché (XXIII)..... 12 fr. »
Tome III. Trad. K. L. 1913. 1 vol. broché (XXIV)...... 10 fr. »
Tome IV. Trad. K. L. 1913. 1 vol. broché (XXV). . . 10 fr. »

SCHMOLLER (G.). — **Principes d'économie politique.** Traduit par G. Platon et L. Polack. 5 vol. 1905-08 (XXVI à XXX).... 50 fr. »

PETTY (Sir W.). — **Œuvres économiques.** Trad. Dussauze et Pasquier. 1905. 2 vol. brochés (XXXI-II)............ 15 fr. »

SALVIOLI. — **Le capitalisme dans le monde antique.** Trad. A. Bonnet. 1906. 1 vol. br. (XXXIII)........................ 7 fr. »

EFFERTZ (O.). — **Les antagonismes économiques.** Introduction de Ch. Andler. 1906. 1 vol. broché (XXXIV).............. 12 fr. »

MARSHALL (A.). — **Principes d'économie politique.** 2 vol. in-8 :

Tome I. Trad. par Sauvaire-Jourdan. 1907. 1 vol. broché (XXXV).. 10 fr. »
Tome II. Trad. par Sauvaire-Jourdan et Bouyssy. 1909. 1 vol. broché (XXXVI).................................. 12 fr. »

FONTANA-RUSSO (L.). — **Traité de politique commerciale.** Trad. F. Poli. 1908. 1 vol. in-8 broché (XXXVII) .... 14 fr. »

CORNELISSEN (C.). — **Théorie du salaire et du travail salarié.** 1909. 1 fort vol. in-8, broché (XXXVIII)...................... 14 fr. »

JEVONS (W. Stanley). — **La théorie de l'économie politique.** Trad. H.-E. Barrault et M. Alfassa. 1909. 1 vol. in-8 br. (XXXIX), 8 fr. »

PARETO (Vilfredo). — **Manuel d'économie politique.** Trad. de A. Bonnet. 1909. 1 vol. broché (XL).................. 12 fr. 50

CANNAN (Edwin). — **Histoire des théories de la production et de la distribution dans l'économie politique anglaise de 1776 à 1848.** Trad. par E. Barrault et M. Alfassa. 1910. 1 vol. in-8 broché (LXI).. 12 fr. »

CLARCK (J.-B.). — Principes d'économique dans leur application aux problèmes modernes de l'industrie et de la politique économique. Traduction. W. Oualid et O. Leroy. 1911. 1 vol. in-8 broché (LXII) .... 10 fr. »

FISHER (I.). — De la nature du capital et du revenu. Trad. S. Bouyssy, 1911. 1 vol. in-8 broché (XLII)...................... 12 fr. »

LORIA (A.). — La synthèse économique. Etude sur les lois du revenu. Trad. C. Monnet. 1911. 1 vol. in-8 broché (XLIII) ...... 12 fr. »

CARVER (Th. N.). — La répartition des richesses. Trad. R. Picard. 1913. 1 vol. in-8 broché (XLIV) .... 5 fr. »

WEBB (S. et B.). — La lutte préventive contre la misère. Trad. H. La Coudraie. 1913. 1 vol. in-8 (XLV), broché............... 8 fr. »

HERSCH (L.). — Le Juif errant d'aujourd'hui. (40 tableaux statistiques et 9 diagrammes). 1913. 1 vol. broché (XLVI).... 6 fr. »

CORNELISSEN (Ch.). — Théorie de la valeur. 2e édition entièrement refondue. 1913. 1 vol. broché (XLVII) .... 10 fr. »

LEROY (M.). — La coutume ouvrière. Doctrines et institutions. 1913. 2 vol. brochés (XLVIII-IXL)............................ 18 fr. »

KOBATSCH (R.). — La politique économique internationale. Trad. G. Pilati et A. Bellaco. 1913. 1 vol. in-8. broché (L) .. 12 fr. »

TOUGAN-BARANOWSKY (M.). — Les crises industrielles en Angleterre. Trad. par Schapiro. 1913. 1 vol. broché (LI)..... 12 fr. »

SÉRIE IN-18 :

MENGER (Anton). — Le droit au produit intégral du travail. Trad. A. Bonnet. Préface de Ch. Andler. 1900. 1 vol. broché (I) 3 fr. 50

PATTEN (S.-N). — Les fondements économiques de la protection. Trad. F. Lepelletier. Préface de P. Cauwès. 1889. 1 vol. broché (II).. 2 fr. 50

BASTABLE (C.-F.). — La théorie du commerce international. Trad. avec introd. par Sauvaire-Jourdan. 1900. 1 vol. br. (III) 3 fr. »

WILLOUGHBY (W.-F.). — Essais sur la législation ouvrière aux Etats-Unis. Trad. Chaboseau. 1903. 1 vol. broché (IV).. 3 fr. 50

DUFOURMANTELLE (M.). — Les prêts sur l'honneur. 1913. 1 vol. broché (V) .... 4 fr. »

SOUS PRESSE :

WAGNER. — Fondements de l'économie politique. Tome V.

AUSPITZ et LIEBEN. — La théorie des prix.........

BOHM-BAWERK. — La théorie positive du capital.....

FISHER. — Le pouvoir d'achat de la monnaie..........

WALSH. — Le problème fondamental de la monnaie.

KAUFMANN. — La Banque en France.

ROSCHER (W.). — Politique industrielle. Mise à jour par Stieda, 2 vol. in-8.

ROSCHER (W.) — Politique commerciale. Mise à jour par Stieda, 2 vol. in-8.

BIBLIOTHÈQUE INTERNATIONALE DE DROIT PRIVÉ ET DE DROIT CRIMINEL

PUBLIÉE SOUS LA DIRECTION DE P. Lerebours-Pigeonnière

Honorée de souscriptions du Ministère de l'Instruction publique

☛ Les volumes de cette Bibliothèque se vendent aussi reliés avec une augmentation de 1 franc

COSACK (C.), *professeur à l'université de Bonn.* — **Traité de droit commercial.** Avec préface de Ed. Thaller, traduction de Léon Mis. 1905-7. 3 vol. in-8 :

Tome I : **Théorie générale.** 1905. 1 vol. in-8, broché. 8 fr. »
Tome II : **Opérations.** 1905. 1 vol. in-8, broché .... 8 fr. »
Tome III : **Sociétés, assurances terrestres et maritimes.** 1907. 1 vol. in-8, broché........................... 10 fr. »
L'ouvrage complet : 3 vol. in-8.............. 26 fr. »

STEVENS (E.-M.) D. C. L. de Christ Church (Oxford). — **Eléments de droit commercial anglais**, revus et corrigés par Herbert Jacobs, traduit par L. Escarti, avec introduction, par P. Lerebours-Pigeonnière. 1909. 1 vol. in-8, broché...................... 10 fr. »

LISTZ (Dr F. von), *professeur ordinaire de droit à Berlin.* — **Traité de droit pénal allemand.** Traduit sur la 17e édition allemande (1908) par R. Lobstein. 1910-1913. 2 vol. in-8 :

Tome I : **Partie générale.** 1910. 1 vol. in-8 ...... 10 fr. »
Tome II : **Partie spéciale.** 1913. 1 vol. in-8 .... 12 fr. »
L'ouvrage complet : 2 vol. in-8 .... 22 fr. »

VIVANTE (C.), *professeur ordinaire de droit commercial à l'université*

de Rome. — **Traité de droit commercial**, avec préface de M. Albert Wahl. 1910-1912. Traduction par Jean Escarra. 4 vol. in-8° :

Tome I : **Les commerçants ;**
Tome II : **Les sociétés commerciales ;**
Tome III : **Les Titres de crédit.**
Tome IV : **Les obligations.**

L'ouvrage complet : 4 vol. in-8°................ 112 fr. »

WIELAND (D. C.). — **Les droits réels dans le Code civil suisse.** Trad. et mis au courant par H. Bovay. 1913-1914. 2 vol. in-8. brochés .... 25 fr. »

Tome I : 1913. 1 vol. in-8 .... (*Déjà paru*).

WIELAND (D. C.). — **Les droits réels dans le Code civil suisse**
Tome II : 1 vol. in-8......................... (*Sous presse*).

BIBLIOTHÈQUE SOCIOLOGIQUE INTERNATIONALE

PUBLIÉE SOUS LA DIRECTION DE René Worms

Honorée de souscriptions du Ministère de l'Instruction publique

Les volumes I à XXX de la Collection peuvent aussi être achetés reliés avec une augmentation de 2 fr. et XXXI et suite avec une augmentation de 1 fr. seulement.

SÉRIE IN-8

WORMS (René). — **Organisme et société.** 1896. 1 vol. in-8 (I) 6 fr. »

LILIENFELD (Paul de). — **La pathologie sociale.** 1896. 1 vol. in-8 (II).. 6 fr. »

NITTI (Francesco S.). — **La population et le système social.** 1897. 1 vol. in-8 (III) .... 5 fr. »

POSADA (A.). — **Théories modernes sur les origines de la famille, de la société et de l'état.** 1896. 1 vol. in-8 (IV)............. 4 fr. »

BALICKI (S.). — **L'Etat comme organisation coercitive de la société politique.** 1896. 1 vol. in-8 (V) .... (*Epuisé*).

NOVICOW (J.). — **Conscience et volonté sociales.** 1897. 1 vol. in-8 (VI) .... 6 fr. »

GIDDINGS (Franklin H.). — **Principes de sociologie.** 1897. 1 vol. in-8 (VII).. 6 fr. »

LORIA (A.). — **Problèmes sociaux contemporains.** 1897. 1 vol. in-8 (VIII) .... 4 fr. »

VIGNES (M.). — **La science sociale d'après les principes de Le Play et de ses continuateurs.** 1897. 2 vol. in-8 (IX-X).......... 16 fr. »

VACCARO (M.-A.). — **Les bases sociologiques du droit et de l'Etat.** 1898. 1 vol. in-8 (XI)........................... 8 fr. »

GUMPLOWICZ (L.). — **Sociologie et politique.** 1898. 1 volume in-8 (XII).. 6 fr. »

SIGHELE (Scipio). — **Psychologie des sectes.** 1898. 1 volume in-8 (XIII).. 5 fr. »

TARDE (G.). — **Etudes de psychologie sociale.** 1898. Un volume in-8 (XIV).. 7 fr. »

KOVALEWSKY (M.). — **Le régime économique de la Russie.** 1898. 1 vol. in-8 (XV)................................ 7 fr. »

STARCKE (C.). — **La famille dans les diverses sociétés.** 1899. 1 vol. in-8 (XVI)................................ 5 fr. »

LA GRASSERIE (Raoul de). — **Des religions comparées au point de vue sociologique.** 1899. 1 vol. in-8 (XVII).............. 7 fr. »

BALDWIN (J.-M.). — **Interprétation sociale et morale des principes du développement mental.** 1899. 1 vol. in-8 (XVIII) .... 10 fr. »

DUPRAT (G.-L.). — **Science sociale et démocratie.** 1900. 1 vol. in-8 (XIX).. 6 fr. »

LAPLAIGNE (H.). — **La morale d'un égoïste ; essai de morale sociale.** 1 vol. in-8 (XX)................................ 5 fr. »

LOURBET (Jacques). — **Le problème des sexes.** 1900. 1 volume in-8 (XXI).. 5 fr. »

BOMBARD (E.). — **La marche de l'humanité et les grands hommes d'après la doctrine positive.** 1900. 1 vol. in-8 (XXII) .... 6 fr. »

LA GRASSERIE (Raoul de). — **Les principes sociologiques de la criminologie.** 1901. 1 vol. in-8 (XXIII)................ 8 fr. »

POUZOL (Abel). — **La recherche de la paternité.** 1902. 1 volume in-8 (XXIV).. 10 fr. »

BAUER (A.). — **Les classes sociales.** 1902. 1 vol.in-8 (XXV) 7 fr. »

LETOURNEAU (Ch.). — **La condition de la femme dans les diverses races et civilisations.** 1903. 1 vol. in-8 (XXVI).......... 9 fr. »

WORMS (René). — **Philosophie des sciences sociales.** 3 vol. in-8 :

Tome I. *Objet des sciences sociales.* 2e *édition.* 1913. 1 vol. (XXVII).. 4 fr. »

Tome II. *Méthode des sciences sociales* 1903. 1 volume (XXVIII).. 4 fr. »

Tome III. *Conclusion des sciences sociales* 1907. 1 volume (XXIX).. 4 fr. »

RIGNANO (E.). — **Un socialisme en harmonie avec la doctrine économique libérale.** 1904. 1 vol. in-8 (XXX)................ 7 fr. »

NICEFORO (A.). — **Les classes pauvres.** Recherches anthropologiques et sociales. 1905. 1 vol. in-8 (XXXI) .... 8 fr. »

LESTERWARD (F.). — **Sociologie pure.** 1906. 2 volumes in-8 (XXXII-III).. 16 fr. »

LA GRASSERIE (R. de). — **Les principes sociologiques du droit civil.** 1906. 1 vol. in-8 (XXXIV) .... 10 fr. »

CAIRD (Edw.). — **Philosophie sociale et religion d'Auguste Comte.** 1907. 1 vol. in-8 (XXXV).......................... 4 fr. »

BAUER (A.). — **Essai sur les révolutions.** 1908. 1 volume in-8 (XXXVI) .... 6 fr. »

SIGHELE (S.). — **Littérature et criminalité.** 1908. 1 volume in-8 (XXXVII) .... 4 fr. »

LACOMBE (P.). — **Taine historien et sociologue.** 1909. 1 volume in-8 (XXXVIII).................................... 5 fr. »

KOVALEWSKY (M.). — **La France économique et sociale à la veille de la Révolution.** 1909-1911. 2 vol. :

Tome I : *Les Campagnes.* 1909. 1 vol. in-8 (XXXIX).. 8 fr. »

Tome II : *Les Villes.* 1911. 1 vol. in-8 (XL).......... 7 fr. »

STEIN. — **Le sens de l'existence.** 1909. 1 vol. in-8 (XLI)... 12 fr. »

MAUNIER (R.). — **L'origine et la fonction économique des villes.** 1910. 1 vol. in-8 (XLII).......................... 6 fr. »

BOCHARD (A.). — **L'évolution de la fortune de l'Etat.** 1910. 1 vol. in-8 (XLIII)...................................... 6 fr. »

SIGHELE (S.). — **Le crime à deux.** 1909. 1 vol. in-8 (XLIV) 4 fr. »

CORNEJO. — **Sociologie générale.** 1911. 2 volumes in-8 (XLV-XLVI)...................................... 20 fr. »

LA GRASSERIE (R. de). — **Les principes sociologiques du droit public.** 1911. 1 vol. in-8 (XLVII) .... 10 fr. »

COMTE (Aug.). — **Système de politique positive** condensé, par Cherfils. 1912. 1 vol. in-8 (XLVIII)........................ 12 fr. »

WORMS (René). — **La sexualité dans les naissances francaises.** 1912. 1 vol. in-8 (XLIX) .... 5 fr. »

SÉRIE IN-18 (*volumes brochés*) :

WORMS (René). — **Principes biologiques de l'évolution sociale.** 1910. 1 vol. in-18 (A) .... 2 fr. »

BALDWIN (J.-Mark). — **Psychologie et Sociologie.** 1 volume in-18 (B)... 2 fr. »

OSTWALD (W.). — **Les fondements énergétiques de la science et de la civilisation.** 1910. 1 vol. in-8 (c) .... 2 fr. »

MAUNIER (R.). — **L'économie politique et la sociologie.** 1910. 1 vol. in-8 (d) .... 2 fr. 50

NOVICOW (J.). — **Mécanisme et limites de l'association humaine.** 1912. 1 vol. in-18 (e)........................... 2 fr. »

ARREAT (L.). — **Génie individuel et contrainte sociale.** 1912. 1 vol. in-18 (f) .... 2 fr. »

SOUS PRESSE :

MICHELS (Robert). — **Amour et Chasteté.**

SZERER. — **Origine sociologique de la peine.**

BIBLIOTHÈQUE INTERNATIONALE DE SCIENCE ET DE LÉGISLATION FINANCIÈRES

PUBLIÉE SOUS LA DIRECTION DE **Gaston Jèze**

Honorée de souscriptions du Ministère de l'Instruction publique

☛ Les volumes de cette Bibliothèque se vendent aussi reliés avec une augmentation de 1 franc

SELIGMAN (Edw. R.-A.). — **L'impôt progressif en théorie et en pratique.** Edition française revue et augmentée par l'auteur. Traduction de A. Marcaggi. 1909. 1 vol. in-8 : broché .... 10 fr. »

WAGNER (Ad.), *professeur à l'université de Berlin.* — **Traité de la science des finances.** Traduction de M. Vouters. 3 vol. :

Tome I : **Théories générales : Le budget. Les besoins financiers. Les recettes d'économie privée.** 1909. 1 volume in-8 : broché.. 15 fr. »

Tome II : **Théorie de l'imposition. Théorie des taxes et Théorie générale des impôts.** Traduction de Jules Ronjat. 1909. 1 vol. in-8 : broché.......................... 15 fr. »

Tome III : **Le Crédit public.** 1912. 1 vol. in-8 broché 8 fr. »

Tomes IV et V : **Histoire de l'impôt depuis l'antiquité jusqu'à nos jours,** par Wagner et Deite. Traduction Bouché-Leclercq et Couzinet. 1913. 2 vol. in-8, brochés .... 24 fr. »

L'ouvrage complet : 5 vol. in-8, brochés .... 60 fr. »

MYRBACH-RHEINFELD (Baron Fr. Von), *professeur à l'université d'Innsbruck.* — **Précis de droit financier.** Traduction française de Bouché-Leclercq. 1910. 1 fort vol. in-8 : broché........ 15 fr. »

SELIGMAN (Edw. R.-A.). — Théorie de la répercussion et de l'incidence de l'impôt. Edition française d'après la 3e édition américaine, Traduction par Louis Suret. 1910. 1 vol. in-8 : br. 15 fr. »

SOUS PRESSE :

SELIGMAN. — Essai sur l'impôt, 1 vol.

ÉTUDES ÉCONOMIQUES ET SOCIALES

PUBLIÉES AVEC LE CONCOURS DU COLLÈGE LIBRE DES SCIENCES SOCIALES

Honorées de souscriptions du Ministère de l'Instruction publique

☛ Les volumes de cette Collection se vendent aussi reliés avec une augmentation de 1 fr. pour la série in-8 et 0 fr. 50 pour la série in-18

FARJENEL (F.). — La morale chinoise. Fondement des sociétés d'Extrême-Orient. 1906. 1 vol. in-8 (I), broché... 5 fr. »

MARIE (Dr A.). — Mysticisme et folie. (Etude de psychologie normale et de pathologie comparées. 1907. 1 vol. in-8 (II), broché 6 fr. »

LEROY (M.). — La transformation de la puissance publique. Les syndicats de fonctionnaires. 1907. 1 vol. in-8 (III), broché. 5 fr. »

BONNET (H.). — Paris qui souffre. La misère à Paris. Les agents de l'assistance à domicile. Avec une préface de M. Ch. Benoist. 1908. 1 vol. in-8 (IV), broché........................ 5 fr. »

SICARD DE PLAUZOLLES (Dr). — La fonction sexuelle. 1908. 1 vol. in-8 (V), broché........................ 6 fr. »

LEROY (M.). — La Loi. Essai sur la théorie de l'autorité dans la démocratie. 1908. 1 volume in-8 (VI), broché..... 6 fr. »

RECLUS (Elie). — Les croyances populaires. La Survie des Ombres. Avec avant-propos, par Maurice Vernes. 1908. 1 volume in-8° (VII), broché.................................. 5 fr. »

RYAN (G.-A.). — Salaire et droit à l'existence, traduction de L. Collin. 1909. 1 vol. in-8 (VIII), broché............. 8 fr. »

SERRIGNY. — Conséquences économiques et sociales de la prochaine guerre, avec préface de Frédéric Passy. 1909. 1 vol. in-8 (IX), broché.................................. 10 fr. »

BRUN (Ch.). — Le Roman social en France au XIXe siècle. 1910. 1 vol. in-8 (X), broché.............................. 6 fr. »

REGNAULT (Dr F.). — La genèse des miracles. 1910. 1 vol. in-8, (XI), broché.................................. 6 fr. »

VERNES (M.). — **Histoire sociale des religions.** I. Les religions occidentales. 1911. 1 volume in-8, (XI *bis*,) broché ... 10 fr. »

MÉTHODES JURIDIQUES (Les). — Leçons faites par MM. Berthélemy, Garçon, Larnaude, Pillet, Tissier, Thaller, Truchy et Gény. Préface de P. Deschanel. 1911. 1 vol. in-8, (XII), broché 5 fr. »

OLPHE-GALLIARD. — **L'organisation des forces ouvrières.** Avec préface de P. de Rousiers. 1991. 1 vol. in-8, (XIII), broché 8 fr. »

AMBROSIO (M. Andrea d'). — **La passivité économique.** Premiers principes d'une théorie sociologique de la population économiquement passive. 1912. 1 vol. in-8, (XIV) broché .... 8 fr. »

ŒUVRE SOCIALE DE LA TROISIÈME RÉPUBLIQUE (L'). — Leçons professées au Collège libre des Sciences sociales, par MM. Astier, *sénateur*. Godart, Groussier, Breton, F. Buisson, Borrel, Aubriot, Lemire, *députés*. Avec préface de Paul Deschanel. 1912. 1 vol. in-8, (XV), broché .... 5 fr. »

LEFAS (A.). — **L'Etat et les fonctionnaires.** 1913. 1 vol. in-8 (XVII).. 10 fr. »

SÉRIE IN-18 :

ATGER (F.). — **La crise viticole et la viticulture méridionale (1900-1907).** 1907. 1 vol. in-18, broché.................. 2 fr. »

BIBLIOTHÈQUE SOCIALISTE INTERNATIONALE

PUBLIÉE SOUS LA DIRECTION DE Alfred Bonnet

SÉRIE IN-8 :

WEBB (Béatrix et Sidney). — **Histoire du trade-unionisme.** 1897 Trad. Albert Métin. 1 volume in-8 (I)............ 10 fr. »

KAUTSKY (Karl). — **La question agraire. Etude sur les tendances de l'agriculture moderne.** Trad. Edg. Milhaud et C. Polack. 1 volume in-8 (II) .... 8 fr. »

MARX (Karl). — **Le capital.** Traduit à l'Institut des sciences sociales de Bruxelles par J. Borchardt et H. Vanderrydt :

Livre II. — **Le procès de circulation du capital.** 1900. 1 vol. in-8 (III)................................ 10 fr. »

Livre III. — **Le processus d'ensemble de la production capitaliste.** 1901-1902. 2 vol. in-8 (IV-V)................. 20 fr. »

KAUTSKY (K.) — **La politique agraire du parti socialiste.** Trad. C. Polack. 1903. 1 vol. in-8 (VI) .... 4 fr. »

AUGÉ-LARIBÉ (M.). — **Le problème agraire du socialisme.** La viticulture industrielle du midi de la France. 1907. 1 volume in-8 (VII) .... 6 fr. »

ENGELS (F.). — **Philosophie. Economie politique. Socialisme** (Contre Eugen Duhring). Trad. E. Laskine. 1911. 1 vol. in-8 (VIII) .... 10 fr. »

SÉRIE IN-18 :

DEVILLE (G.). — **Principes socialistes.** 1898. 2e édition. 1 volume in-18 (I) .... 3 fr. 50

MARX (Karl). — **Misère de la philosophie.** Réponse à la philosophie de la misère de M. Proudhon. 1908. Nouvelle édit. 1 vol. in-18 (II) .... 3 fr. 50

LABRIOLA (Antonio). — **Essais sur la conception matérialiste de l'histoire.** Trad. A. Bonnet 2e édit. 1902. 1 volume in-18 (III) 3 fr. 50

DESTRÉE (J.) et **VANDERVELDE (E.).** — **Le sociacialisme en Belgique.** 2e édition. 1903. 1 volume in-18 (IV) .... 3 fr. 50

LABRIOLA (Antonio). — **Socialisme et philosophie.** Trad. A. Bonnet. 1899. 1 vol. in-8 (V) .... 2 fr. 50

MARX (Karl). — **Révolution et contre-révolution en Allemagne.** Trad. Laura Lafargue. 1900. 1 vol. in-18 (VI) .... 2 fr. 50

GATTI (G.). — **Le socialisme et l'agriculture.** Préface de G. Sorel. 1901. 1 vol. in-18 (VII) .... 3 fr. 50

LASSALLE (F.). — **Discours et pamphlets.** Trad. V. Dave et L. Remy 1903. 1 volume in-18 (VIII) .... 3 fr. 50

LASSALLE (F.) — **Capital et travail.** 1904. Trad. V. Dave et L. Remy. 1 vol. in-18 (IX) .... 3 fr. 50

LAFARGUE (P.). — **Le déterminisme économique de Karl Marx.** 1909. 1 vol. in-18 (X) .... 4 fr. »

MARX (Karl). — **Critique de l'économie politique,** trad. Laura Lafargue. 1909. 1 vol. in-18 (XI) .... 3 fr. 50

TARBOURIECH (E.). — **Essai sur la propriété.** 1905. 1 volume in-18 (XII) .... 3 fr. 50.

BERTHOD (A.). — **P.-J. Proudhon et la propriété.** 1910. 1 vol. in-18 (XIII) .... 3 fr. »

COLLECTION DES DOCTRINES POLITIQUES

PUBLIÉE SOUS LA DIRECTION DE **A. Mater**

☞ Les volumes de cette Collection se vendent aussi reliés avec une augmentation de o fr. 5o

CHEVALIER, LEGENDRE et LABERTHONNIÈRE. — **Le catholicisme et la société.** 1907. 1 volume in-18 (II), broché . 3 fr. 50

SABATIER (C.). — **Le morcellisme.** Avec introduction, par M. Faure. 1907. 1 vol. in-18 (III), broché .... 2 fr. »

BOUGLÉ (G.). — **Le solidarisme.** 1907. 1 volume in-18 (IV), broché.................................... 3 fr. 50

BUISSON (F.). — **La politique radicale.** 1908. 1 vol. in-18 (V), broché.................................... 4 fr. 50

AVRIL DE SAINTE-CROIX (Mme). — **Le féminisme.** Préface de V. Margueritte. 1907. 1 volume in-18 (VI), broché.. 2 fr. 50

GUYOT (Yves). — **La démocratie individualiste.** 1907. 1 volume in-18 (VII), broché.............................. 3 fr. »

LAGARDELLE (H.). — **Le socialisme ouvrier.** 1911. 1 vol. in-18 (IX), broché.............................. 4 fr. 50

VANDERVELDE (E.). — **Le socialisme agraire.** 1908. 1 vol. in-18 (X), broché .... 5 fr. »

HERVÉ (G.). — **L'internationalisme.** 1910. 1 volume in-18 (XI), broché.................................... 2 fr. 50

MATER (André). — **Le socialisme conservateur ou municipal.** 1909. 1 vol. in-18 (XIV), broché........................ 6 fr. »

FOURNIÈRE (Eug.). — **La sociocratie.** (Essai de politique positive). 1910. 1 vol. in-18 (XVI), broché...................... 2 fr. 50

MAYBON (A.). — **La politique chinoise.** Etude sur les doctrines des partis en Chine. 1907. 1 vol. in-18 (XVII), broché.. 4 fr. »

LORULOT (A.). — **Les théories anarchistes.** 1913. 1 vol. in-18. broché (VIII) . ... 3 fr. 50

SOUS PRESSE

A. LEBEY. — **Le Maçonnisme.** 1 vol. in-18.

ENCYCLOPÉDIE INTERNATIONALE D'ASSISTANCE, DE PRÉVOYANCE, D'HYGIÈNE SOCIALE ET DE DÉMOGRAPHIE

PUBLIÉE SOUS LA DIRECTION DU **Dr A. Marie**

Honorée de souscriptions du Ministère de l'Instruction publique

ASSISTANCE

MARIE (Dr) et (R.) MEUNIER. — **Les Vagabonds,** avec un avant-propos, par Henry Maret. 1908, 1 vol. in-18 relié toile (I). 4 fr. »

MARIE (Dr) et DECANTE (R.). — **Les accidents du travail.** Etude critique des améliorations à apporter au régime du risque professionnel en France. 1 vol. in-18 relié toile. (II) .... 4 fr. »

BEAUFRETON (M.). — **Assistance publique et Bienfaisance privée.** 1911. 1 vol. in-18 relié toile. (III).................... 4 fr. »

RODIET (Dr A.). — **Les auxiliaires des médecins d'asile** (ouvrage couronné par l'Académie de médecine). 1910. 1 vol. in-18 relié toile. (IV) .... 3 fr. 50

LASVIGNES. — **Essai d'assistance comparée.** 1911. 1 vol. in-18 relié toile. (V),.............................. 4 fr. »

PRÉVOYANCE :

SICARD DE PLAUZOLES (Dr). — **La maternité et la défense nationale contre la dépopulation.** 1909. 1 vol. in-18 relié toile. (I).. 4 fr. »

DECANTE (R.). — **La lutte contre la prostitution.** Avec préface par Henri Turot. 1909. 1 vol. in-18 relié toile (II) .... 4 fr. »

DUBIEF (Dr). — **L'apprentissage et l'enseignement technique,** 1 vol. relié toile (III) .... 6 fr. »

VIVIANI (R.), *ministre du Travail.* — **Les retraites ouvrières et paysannes,** avec préface. 1910. 1 vol. in-18 relié toile. (IV). 6 fr. »

OLPHE-GALLIARD (G). — **Les caisses de prêts sur l'honneur.** 1913. 1. vol. in-18, relié toile (V)................ 4 fr »

HYGIÈNE :

MARTIAL (Dr R.). — **Hygiène individuelle du travailleur.** Avec préface de M. le sénateur Strauss. 1907. 1 volume in-18 relié toile (I).............................. 4 fr. »

MARIE (Dr A.). — **La pellagre.** Avec une préface de M. le professeur Lombroso. 1908. 1 vol. in-18 relié toile. (II) .... 4 fr. »

BERNARD (M.). — **Pour protéger la santé publique.** Avec une préface du Dr Fernand Dubief, *ancien ministre de l'Intérieur.* 1909. 1 volume in-18 relié toile. (III)...................... 4 fr. »

BERNARD (M.). — **L'hygiène publique obligatoire en France.** La lutte administrative contre le choléra et les autres maladies transmissibles, avec préface du Dr A. Marie. 1910. 1 vol. in-18 relié toile. (IV).................................. 4 fr. »

BRETON (J.-L.). — **Le plomb.** 1910. 1 vol. in-18 relitoile. (V) 4 fr. »

MIRABEN (G.). — **La fumée divine (opium), la lutte antitoxique.** 1912. 1 vol. in-18 relié toile. (VI).................. 4 fr. »

HUBAULT (P.). — **Les Coulisses de la fraude.** 1913. 1 vol. in-18. rel. toile (VII)................................ (*Sous presse*).

DÉMOGRAPHIE :

BRON (Dr G.). — **Les origines sociales de la maladie.** Avec préface du Dr A. Marie. 1908. 1 vol. in-18 relié toile. (I)..... 3 fr. 50

WAHL (Dr). — **Le crime devant la science.** 1910. 1 volume in-18 relié toile. (II).................................. 4 fr. »

ROECKEL (P.). — **L'éducation sociale des races noires.** 1911. 1 vol. in-18 relié toile. (III)............................ 3 fr. 50

BIBLIOTHÈQUE PACIFISTE INTERNATIONALE

PUBLIÉE SOUS LA DIRECTION DE Stéfane-Pol

Honorée de la souscription des Ministères de l'Instruction publique et du Commerce

Ont paru :

BEAUQUIER (Ch.). Ed. GIRETTI et STEFANE-POL. — **France et Italie**, avec préface de M. Berthelot de l'*Institut*. 1904. 1 volume in-18 .... 1 fr. »

DUMAS (J.). — **La colonisation (Essai de doctrine pacifiste)**, avec préface de Ch. Gide. 1904. 1 vol. in-18 .... 1 fr. 25

ESTOURNELLES DE CONSTANT (D'). — **France et Angleterre.** 1904. 1 vol. in-18 .... 1 fr. »

FINOT (J.). — **Français et Anglais devant l'anarchie européenne.** 1904. 1 vol. in-18 .... 1 fr. »

FOLLIN (H.). — **La marche vers la paix.** 1903. 1 vol. in-18. 0 fr. 75

FONTANES (E.). — **La guerre**, avec préface de F. Passy. 1904. 1 vol. in-18 .... 0 fr. 50

JACOBSON (J.-A.). — Le premier grand procès international de la Haye (notes d'un témoin). 1904. 1 vol. in-18.......... 0 fr. 50

LAFARGUE (A.). — L'orientation humaine. 1904. 1 volume in-18 .... 1 fr. »

LA GRASSERIE (R. de). — De l'ensemble des moyens de la solution pacifiste. 1905. 1 vol. in-18 .... 1 fr. »

MESSIMY. — La paix armée. (La France peut en alléger le poids). 1903. 1 vol. in-18 .... 0 fr. 75

MOCH (G.). — Vers la fédération d'Occident. Désarmons les Alpes. 1905. 1 vol. in-18, avec 6 graphiques............... 0 fr. 50

NATTAN-LARRIER. — Les menaces des guerres futures. 1904. 1 vol. in-18 .... 1 fr. »

NOVICOW (J.). — La possibilité du bonheur. 1904. 1 volume in-18 .... 2 fr. »

PASSY (Fr.). — Historique du mouvement de la paix. 1904. 1 volume in-18 .... 0 fr. 75

PRUDHOMMEAUX (J.). — Coopération et pacification. 1904. 1 vol. in-18 .... 1 fr. »

RICHET (Ch.). — Fables et récits pacifiques, avec une préface de Sully-Prudhomme. 1904. 1 vol. in-18................ 1 fr. »

RUYSSEN (Th.). — La philosophie de la paix. 1904. 1 volume in-18 .... 0 fr. 75

SEVERINE. — A Sainte-Hélène, pièce en 2 actes. 1904.. 1 volume in-18 .... 1 fr. »

SPALIKOWSKI (Ed.). — Mortalité et paix armée, avec une préface de C. Flammarion. 1904. 1 vol. in-18 .... 0 fr. 50

STÉFANE-POL. — L'esprit militaire. (Histoire sentimentale). 1904. 1 vol. in-18.................................... 2 fr. »

STÉFANE-POL. — Les deux évangiles. Considérations sur la peine de mort, le duel, la guerre, etc. 1903. 1 vol. in-18........ 0 fr. 50

SUTTNER (Bne de). — Souvenirs de guerre. 1904. 1 volume in-18 .... 0 fr. 50

PETITE ENCYCLOPÉDIE
SOCIALE ÉCONOMIQUE ET FINANCIÈRE

Leçons d'économie politique, par André LIESSE, avec une préface de Courcelle-Seneuil, de l'Institut. 1 vol. in-18 (I), 1892 3 fr. »

La réforme des frais de justice, par E. MANUEL et R. LOUIS, docteurs en droit, 2e édition, 1 vol. in-18 (II), 1892.. 3 fr. »

Code manuel de droit industriel, par M. DUFOURMANTELLE. 3 vol. in-18 (III-V) :

— **Législation ouvrière en France et à l'Etranger**. 2e édition. 1 vol. in-18 (III). 1893.......................... 3 fr. »

— **Brevets d'invention**. Contrefaçon, etc. 1 vol. in-18 (IV) 1893 .... 3 fr. »

— **Dessins et marques de fabrique**, nom commercial, concurrence déloyale, etc. 1 volume in-18 (V). 1894........ 3 fr. »

Code manuel des électeurs et des éligibles avec formules, par A. MAUORAS, avocat-publiciste, 2e édition. 1 vol. in-18 (VI). 1898 3 fr. »

Législation générale des cultes protestants en France, en Algérie et dans les colonies, par PENEL-BEAUFIN. 1 vol. in-18 (VII). 1894.. 3 fr. »

Commentaire de la loi du 27 décembre 1892 sur la conciliation et l'arbitrage facultatifs, par A. LELONG. 1 volume in-12 (VIII). 1894.. 1 fr. 50

Législation générale du culte israélite en France, en Algérie et dans les colonies, par PENEL-BEAUFIN. 1 volume in-18 (IX). 1894.. 3 fr. »

Code manuel du propriétaire-agriculteur, par Daniel ZOLLA, prof. à l'Ecole nationale d'agriculture de Grignon, 2e édition. 1 vol. in-18. (X) 1902.......................... 3 fr. 50

Les questions ouvrières, par Léon MILHAUD. 1 vol. in-18 (XI). 1894.. 2 fr. 50

Cours de droit professé dans les lycées de jeunes filles de Paris, par Jeanne CHAUVIN, 2e édition. 1 volume in-18 (XII), relié toile. 1908.. 3 fr. 50

Guide théorique et pratique, général et complet des clercs de notaire et des aspirants au notariat, par Jean MARTIN, notaire. 1 vol. in-18 (XIII). 1895.......................... 3 fr. »

La question monétaire considérée dans ses rapports avec la condition sociale des divers pays et avec les crises économiques, par Léon POINSARD. 1 volume in-18 (XIV). 1895 .... 3 fr. »

Les budgets français. Etude analytique et pratique de législation financière, par MM. P. Bidoire et A. Simonin. 3 volumes :

— **Projet de budget 1895.** 1 vol. in-18 (xv). 1895 .. 3 fr. »

— **Budget de 1895 et projet de budget de 1896.** 1 volume in-18 (xvi). 1896 .... 3 fr. »

— **Budget de 1896 et projet de budget de 1897.** 1 volume in-18 (xxii). 1897 .... 3 fr. »

La saisie-arrêt sur les salaires et petits traitements. 2e édition revue et augmentée par V. Emion. 1 vol. in-18 (xvii). 1896 3 fr. »

La question sanitaire, dans ses rapports avec les intérêts et les droits de l'individu et de la société, par le Dr J. Pioger. 1 vol. in-18 (xviii). 1895 .... 3 fr. »

Les banques d'émission, par G. François. 1 volume in-18 (xix) .... 3 fr. »

La Science et l'art en économie politique, par René Worms. 1 vol. in-18 (xx. 1896 .... 2 fr. »

Code de l'abordage, par Robert Frémont. 1 vol. in-18 (xxi). 1897. .... 3 fr. »

L'éducation nationale, par Maurice Wolf. 1 vol. in-18 (xxiii). 1897 .... 3 fr. »

Mélanges féministes, par L. Bridel. 1 volume in-18 (xxiv). 1897 .... 3 fr. »

La justice gratuite et rapide par l'arbitrage amiable, par A. Charmolu, 2e édit. 1 vol. in-18 (xxv). 1902 .... 1 fr. »

Petit manuel pratique du juré d'assises, par J. Poncet. 1 vol. in-18 (xxvi). 1898 .... 2 fr. »

Finances communales, par R. Acollas. 1 volume in-18 (xxvii). 1898 .... 3 fr. »

Esquisse d'un tableau raisonné des causes de la production, de la circulation de la distribution et de la consommation de la richesse, par M. Tessonneau. 1 vol. in-18 (xxviii). 1898 ...... 2 fr. »

Code manuel du chasseur, par G. Lecouffe, 3e édition. 1 vol. in-18 (xxix). 1909 .... 2 fr. »

Code manuel du pêcheur, par G. Lecouffe. 2e édition. 1 vol. in-18 (xxx). 1900 .... 1 fr. »

Manuel pratique des sociétés de commerce et par actions. Participations coopératives. Syndicats professionnels. Sociétés de Secours mutuels. Associations et Congrégations, par A. Lambert. 1 volume in-18 (xxxi). 1902 .... 1 fr. 50

Manuel de la propriété industrielle et commerciale, par A. Lambert. 1 vol. in-18 (xxxii). 1903 .... 3 fr. »

Etudes d'économie et de législation rurales, par R. Worms. 1 vol. in-18 (xxxiii). 1906.......................... 4 fr. »

Code manuel du cycliste, par G. Lecouffe. 1 vol. in-18 (xxxiv). 1909.. 2 fr. »

BIBLIOTHÈQUE DES DOCUMENTS DU PROGRÈS

PUBLIÉE SOUS LA DIRECTION DE **R. Broda**

BRODA (R.) et J. DEUTSCH. — **Le prolétariat international.** Etude de psychologie sociale. 1912. 1 vol. in-18 (i)........ 3 fr. »

BRODA (R.). — **La fixation légale des salaires.** Expériences de l'Angleterre, de l'Australie et du Canada. 1912. 1. vol. in-8 (ii)... 2 fr. 50

BRODA (R.). — **Le rôle de la violence dans les conflits de la vie moderne** (enquête). 1913 1 vol. in-8 (iii).............. 1 fr. 50

ANNALES DE L'INSTITUT INTERNATIONAL DE SOCIOLOGIE

PUBLIÉES SOUS LA DIRECTION DE **René Vorms**

— **Premier congrès** tenu en 1894, 1 vol. in-8 (i)....... 7 fr. »
— **Deuxième congrès** tenu en 1895. 1 vol, in-8° (ii) .. 7 fr. »
— **Travaux de l'année 1896.** 1 vol. in-8° (iii)........ 7 fr. »
— **Troisième congrès** tenu en 1897. 1 vol. in-8° (iv).... 10 fr. »
— **Travaux de l'année 1898.** 1 vol. in-8° (v) .... 10 fr. »
— **Travaux de l'année 1899.** 1 vol. in-8° (vi).......... 7 fr. »
— **Quatrième congrès** tenu en 1900. 1 vol. in-8° (vii).. 7 fr. »
— **Travaux des années 1900 et 1901.** 1 vol. in-8° (viii) 7 fr. »
— **Travaux de l'année 1902.** 1 vol. in-8° (ix).......... 7 fr. »
— **Cinquième congrès** tenu en 1903 : **Rapports de la sociologie et de la psychologie.** 1 vol. in-8° (x)..................... 8 fr. »
— **Sixième congrès** tenu en 1906 : **Les luttes sociales.** 1 vol. in-8° (xi).. 10 fr. »
— **Septième congrès** tenu en 1909 : (xii-xiii). **La solidarité sociale dans le temps et dans l'espace**, 1 vol. in-8° (xii).... 7 fr. »

— La solidarité sociale, ses formes, son principe, ses limites, 1 vol. in-8° (XIII) .... 7 fr. »

— Huitième Congrès tenu en 1913. Le Progrès..... 1 vol. in-8 (XIV). .... 10 fr. »

TABLE GÉNÉRALE DES RÉFÉRENCES DE JURISPRUDENCE

aux recueils, Sirey, Dalloz, Gazette du Palais, Gazette des tribunaux, et des Pandectes françaises, classée par ordre chronologique depuis 1845 jusqu'à 1910 inclus, par Joseph JOUGLAR. *Licencié en droit, avoué à Briançon.*

Deux forts volumes in-4° carré .... 75 fr. »

En Distribution :

Catalogue des ouvrages du fonds (envoi sur demande) **gratis**

Catalogue des thèses de doctorat en droit (à 1913 inclus).. **2 fr.**

Catalogue des ouvrages de droit (occasion). Envoi sur demande .... **gratis**

Catalogue des ouvrages classiques à l'usage des étudiants en droit. (Envoi sur demande) .... **gratis**

Bibliographie générale et complète des ouvrages de droit et de jurisprudence classée dans l'ordre des Codes avec table alphabétique des matières et des noms des auteurs, 1 vol. in-8° .... 1 fr. 50

Saint-Amand (Cher). — Imprimerie Bussière.

A LA MÊME LIBRAIRIE

BIBLIOTHÈQUE SOCIOLOGIQUE INTERNATIONALE

publiée sous la direction de M. René Worms,
Secrétaire Général de l'Institut International de Sociologie

Série in-8°, brochés (1)

RENÉ WORMS. — *Organisme et Société*. . . . . 6 fr. »»
PAUL DE LILIENFELD. — *La Pathologie Sociale* . . . . . 6 fr. »»
FRANCESCO S. NITTI. — *La Population et le Système social*. . 5 fr. »»
ADOLFO POSADA. — *Origines de la Famille, de la Société et de l'Etat*. . . . . 4 fr. »»
SIGISMOND BALICKI. — *L'Etat comme organisation coercitive de la Société* . . . . 4 fr. »»
JACQUES NOVICOW. — *Conscience et Volonté Sociales*. . . . 6 fr. »»
FRANKLIN H. GIDDINGS. — *Principes de Sociologie* . . . . 6 fr. »»
ACHILLE LORIA. — *Problèmes Sociaux Contemporains*. . . . 4 fr. »»
MAURICE VIGNES. — *La Science Sociale d'après Le Play*, 2 vol. 16 fr. »»
M. A. VACCARO. — *Les Bases sociologiques du Droit et de l'Etat*. 8 fr. »»
LOUIS GUMPLOWICZ. — *Sociologie et Politique*. . . . . . 6 fr. »»
SCIPIO SIGHELE. — *Psychologie des Sectes* . . . . 5 fr. »»
G. TARDE. — *Etudes de Psychologie Sociale* . . . . 7 fr. »»
MAXIME KOVALEWSKY. — *Le Régime économique de la Russie* 7 fr. »»
C. N. STARCKE. — *La Famille dans les diverses sociétés* . . . 5 fr. »»
RAOUL DE LA GRASSERIE. — *Des Religions au point de vue sociologique*. . . . . 7 fr. »»
MARK BALDWIN. — *Interprétation sociale du développement mental* 10 fr. »»
G. L. DUPRAT. — *Science Sociale et Démocratie* . . . . . . 6 fr. »»
H. LAPLAIGNE. — *La Morale d'un Egoïste ; essai de morale sociale* 5 fr. »»
JACQUES LOURBET. — *Le Problème des Sexes*. . . . . . . 5 fr. »»
E. BOMBARD. — *La Marche de l'Humanité et les Grands Hommes*. 6 fr. »»
RAOUL DE LA GRASSERIE. — *Les Principes sociologiques de la Criminologie* . . . . 8 fr. »»
ABEL POUZOL. — *La Recherche de la Paternité* . . . . 10 fr. »»
ARTHUR BAUER. — *Les Classes Sociales*. . . . . 7 fr. »»
CH. LETOURNEAU. — *La Condition de la Femme dans les diverses races*. . . . . 9 fr »»

Les volumes de cette série peuvent aussi être achetés avec une reliure spéciale

RENÉ WORMS. — *Philosophie des sciences sociales : I. objet; II, méthode; III conclusions des sciences sociales*, 3 volumes . . .	12 fr. »»
E. RIGNANO. — *Un socialisme en harmonie avec la doctrine libérale*	7 fr. »»
ALFREDO NICEFORO. — *Les Classes Pauvres*	8 fr. »»
LESTER F. WARD. — *Sociologie pure*, 2 volumes	16 fr. »»
RAOUL DE LA GRASSERIE. — *Les principes sociologiques du Droit civil*	10 fr. »»
EDWARD CAIRD. — *Philosophie sociale et religion d'Auguste Comte*	4 fr. »»
ARTHUR BAUER. — *Essai sur les Révolutions*	6 fr. »»
SCIPIO SIGHELE. — *Littérature et Criminalité*	4 fr. »»
PAUL LACOMBE. — *Taine, historien et sociologue*	5 fr. »»
MAXIME KOVALEWSKY. — *La France à la veille de la Révolution*, 2 vol.	15 fr. »»
LUDWIG STEIN. — *Le sens de l'existence*	12 fr. »»
R. MAUNIER. — *L'origine et la fonction économique des villes* . .	6 fr. »»
A. BOCHARD. — *L'évolution de la fortune de l'Etat*	6 fr. »»
SCIPIO SIGHELE. — *Le crime à deux*	4 fr. »»
M.-H. CORNEJO. — *Sociologie générale*, 2 volumes	20 fr. »»
RAOUL DE LA GRASSERIE. — *Les principes sociologiques du Droit public*	10 fr. »»
AUGUSTE COMTE. — *Système de Politique positive*, condensé. .	12 fr. »»
RENÉ WORMS. — *La sexualité dans les naissances françaises* . .	5 fr. »»
ARTHUR BAUER. — *La Culture morale et l'Enseignement public* .	6 fr. »»
M. SZERER. — *La Conception sociologique de la peine*.	4 fr. »»
ROBERT MICHELS. — *Amour et Chasteté*.	5 fr. »»

Série in-18, brochés :

RENÉ WORMS. — *Les principes biologiques de l'évolution sociale* .	2 fr. »»
MARK BALDWIN. — *Psychologie et sociologie (l'individu et la société)*	2 fr. »»
W. OSTWALD. — *Les fondements énergétiques de la science de la civilisation*	2 fr. »»
R. MAUNIER. — *L'économie politique et la sociologie*. . . .	2 fr. 50
J. NOVICOW. — *Mécanisme et limites de l'association humaine* . .	2 fr. »»
L. ARREAT. — *Génie individuel et contrainte sociale*	2 fr. »»
RAOUL DE LA GRASSERIE. — *De la Cosmosociologie*. . . .	2 fr. 50

SAINT AMAND (CHER). — IMPRIMERIE BUSSIÈRE

www.ingramcontent.com/pod-product-compliance
Ingram Content Group UK Ltd.
Pitfield, Milton Keynes, MK11 3LW, UK
UKHW020322230726
13925UKWH00002B/569

9 782013 587570